U0935746

高速公路智慧管养系统建设实践

——以江西省为例

谭志兵　吁新华　万长明　著

人民交通出版社股份有限公司
北京

内 容 提 要

本书共分8章,主要内容包括:高速公路智慧管养系统概述;高速公路智慧管养系统应用现状调查与分析;江西省高速公路智慧管养系统建设概述;支撑系统建设;业务系统建设;创新技术试点应用;江西省高速公路智慧管养系统运维管理和高速公路智慧管养系统建设总结与展望。

本书可作为公路行业管理人员、高速公路管养和工程技术人员、计算机或信息类专业人员的参考用书,也可供对高速公路智慧管养有兴趣的人员阅读使用。

图书在版编目(CIP)数据

高速公路智慧管养系统建设实践:以江西省为例/谭志兵,吁新华,万长明著.—北京:人民交通出版社股份有限公司,2022.11

ISBN 978-7-114-18308-9

Ⅰ.①高… Ⅱ.①谭… ②吁… ③万… Ⅲ.①智能技术—应用—高速公路—公路养护—研究—江西 Ⅳ.①U418-39

中国版本图书馆CIP数据核字(2022)第197900号

Gaosu Gonglu Zhihui Guanyang Xitong Jianshe Shijian——Yi Jiangxi Sheng Weili

书　　名:高速公路智慧管养系统建设实践——以江西省为例
著 作 者:谭志兵　吁新华　万长明
责任编辑:钱悦良　郭红蕊
责任校对:席少楠　卢　弦
责任印制:刘高彤
出版发行:人民交通出版社股份有限公司
地　　址:(100011)北京市朝阳区安定门外外馆斜街3号
网　　址:http://www.ccpcl.com.cn
销售电话:(010)59757973
总 经 销:人民交通出版社股份有限公司发行部
经　　销:各地新华书店
印　　刷:北京虎彩文化传播有限公司
开　　本:787×1092　1/16
印　　张:8.25
字　　数:152千
版　　次:2022年11月　第1版
印　　次:2023年7月　第2次印刷
书　　号:ISBN 978-7-114-18308-9
定　　价:50.00元
(有印刷、装订质量问题的图书,由本公司负责调换)

编 委 会

主　　编：谭志兵　吁新华　万长明

参编人员：卢　勇　俞鹏飞　万　超　张丽丽　王遐莽
刘同宾　李　豪　姚仕伟　邓泽城　张嘉林
宋　凯　徐志祥　胡　俊　王学文　金杨柳
武晋文　周　涛　熊一帆　黄建平　刘卫华
吴　艳　张　鹏　叶　明　王钰册　邬　冰
黄　鹏　周宏宇　万华文　罗　建　夏鹏飞
王　帅　陈莎莎　吕培芹

前言
Foreword

随着高速公路路龄的不断增加以及对其养护质量要求、工作效率要求、养护资金使用效益要求的不断提高，全国各地在高速路网养护方面的压力也越来越大，急需通过信息化和养护管理深度融合，为养护业务高效运转、养护决策更加科学提供支撑，实现精细管理、精准服务的管理目标。

而物联网、互联网+、大数据等信息通信技术的飞速发展，为高速公路养护管理提供更加智能化的分析和科学决策的支撑。为此，江西省交通投资集团开展了综合性的公路养护管理系统建设工作。

系统建设从2019年6月份正式开始，经历了工可、初步设计、需求调研、详细设计、系统开发等一系列工作，于2020年8月份完成江西省高速公路智慧管养系统一期的建设，并正式上线运行。该系统的一期主要完成了路产地理信息服务平台、养护统一管理平台和养护数据管理中台、公路技术状况管理子系统、日常养护管理子系统、路面养护科学决策子系统和养护展示管理子系统的开发，初步构建了综合性的养护管理平台，解决了行业内普遍存在的养护管理数据缺失、数据孤岛等问题，实现了对高速公路状况的全面感知、基础信息的存储与读取、科学分析与决策等功能。

目前，国内很多省份和地区都在积极开展高速公路智慧管养研究、顶层设计、综合管理系统建设等工作，以求通过信息化技术在公路养护行业的融合应用，缓解管养压力，提高养护管理的效率和水平。本书编写组对我国11个省(区、市)的高速公路智慧管养系统应用情况进行了调查研究，并以江西省智慧管养系统为例进行重点介绍，提炼系统筹建的心得，总结建设经验，以期为国内同行在建设相关系统时提供参考借鉴。

本书共分8章，主要内容包括：高速公路智慧管养系统概述；高速公路智慧管养系统应用现状调查与分析；江西省高速公路智慧管养系统建设概述；支撑系统建设;业务系统建设;创新技术试点应用;江西省高速公路智慧管养系统运维管理和高速公路智慧管养系统建设总结与展望。

本书可作为公路行业管理人员、高速公路管养和工程技术人员、计算机或信息类专业人员的参考用书,也可供对高速公路智慧管养有兴趣的人员阅读使用。

限于本书编写组掌握的相关资料有限,书中难免存在不足和疏漏之处,敬请广大同行批评指正!

作　者

2022年7月

目录
Contents

第 1 章　高速公路智慧管养系统概述

1.1　智慧管养系统的概念

1.1.1　智慧管养系统的背景

20 世纪 30 年代,高速公路最早出现在西方发达国家。自改革开放以来,我国的高速公路建设发生了翻天覆地的变化,并取得了举世瞩目的发展成就。截至 2021 年底,全国高速公路里程达 16.91 万公里,稳居世界第一。

其中,路龄超过 10 年的占比 46%,已逐步进入老龄化阶段,与此同时,高速公路的大量建成通车、交通量的持续攀升以及重载交通下路面深层次病害、复杂性病害的不断出现,都为高速公路养护管理工作带来了前所未有的挑战。

交通运输部《"十四五"公路养护管理发展纲要》中提出强化智慧创新,推动公路数字化转型。加大新一代信息技术与公路基础设施的融合发展。研制推广基于人工智能的自动化巡查、基于物联网的养护工程质量管理等养护智能化应用。持续完善路网运行监测体系,推动路网运行感知、交调等设施与公路基础设施建设改造同步规划、同步实施,提升监管和服务效能。互联网技术的快速发展以及终端设备的不断革新也为发展科学化、标准化的养护管理新模式提供了技术支持,建设基于高速公路养护管理应用需求的信息化系统以提高养护管理工作效率是必然趋势。

因此,通过传统的人工式或者半自动化的养护管理模式已经很难适应信息化时代下的高速公路养护管理需要,"智慧管养"成为发展的新目标。首先,建设专门的智慧管养系统来辅助高速公路养护管理,能够较大限度地减少养护管理人员工作量,提高日常养护的工作效率;其次,智慧管养系统,可深入挖掘分析技术状况评价、交通流等大量的历史数据中的潜在信息,代替传统的统计分析方法,为高速公路养护决策提供支持;最后,在大数据的时代背景下,预留数据接口,与高速公路行业管理中的其他业务数据实现互联互通,打通数据孤岛,意义重大。

加大传统养护工作和电子信息科学的关联,提升高速公路养护工作效率,建立完善的高速公路智慧管养系统,是公路养护管理信息化、规范化、高效化和智能化发展的必然方向。

1.1.2 智慧管养系统的特征

智慧管养系统最初为集工程费、养护维修费、效益等总成本于一体的单一路面管理系统,其采用系统分析和运筹学等方法,将路面管理过程系统化,为决策人提供费用与效益的最佳方案。

随着社会发展和系统实施所带来的效益,智慧管养系统得到了迅速发展。当下,国际上普遍将智慧管养系统分为项目级和网级两类,我国则将其有机结合,形成当下集路网公路养护、评价和决策等各项工作协调、综合统一的系统平台。其主要适用范围为现有高速公路的养护管理,其功能包括路况主客观相结合的技术评价、路况的变化趋势分析、日常养护管理、养护设计管理、养护工程管理、养护计划制订、养护投资估算、养护辅助决策等。

智慧管养系统从功能上划分,一般由以下四个部分组成:

(1)数据采集系统。其主要对公路路面技术状况、桥梁技术状况、隧道技术状况数据进行采集,存储并分析。

(2)数据库管理系统。数据库管理系统由路网参照系统、数据文件和数据管理三个部分组成。

(3)网级管理系统。其主要任务是为管理部门对整个地区(省、市)的公路网关键性决策提供辅助支撑。其内容主要包括路况分析、路网规划、计划安排、预算编制以及资源分配等。

(4)项目级管理系统。项目级智慧管养系统仅针对一个工程项目,其主要任务是为管理部门对某一工程进行技术决策提供对策,以选择费用/效益最佳的方案。

1.1.3 智慧管养系统的业务场景

高速公路智慧管养系统的主要业务场景如图1-1所示。

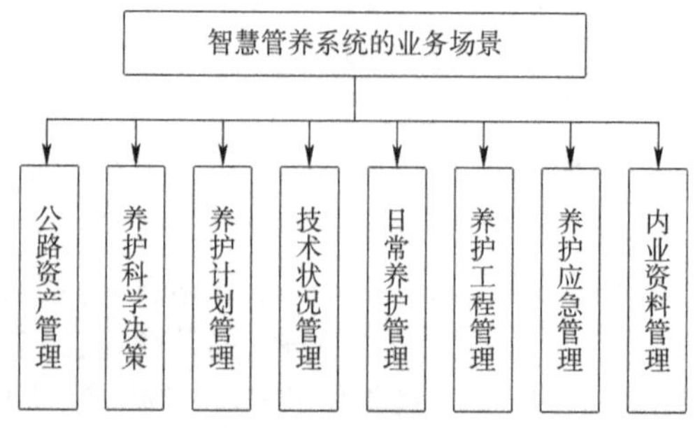

图1-1 智慧管养系统的业务场景

(1)公路资产管理

公路资产管理是针对路基、路面、桥涵、隧道及设施等资产进行盘点管理,是在资产信息采集的基础上,确定准确的路产对象和基础属性,在此基础上进行路产登记、路产变更、路产注销等管理。

(2)养护科学决策

结合公路养护工程专家库资源,运用人工智能等技术手段,实现包括路况数据分析、交通量数据分析、路面性能预测、路面养护需求分析、养护资金优化分配、养护规划和养护计划等辅助决策内容。

(3)养护计划管理

高速公路养护计划是养护业务闭环的起始,主要包括年度养护计划编制与审批、年度养护计划调整与审批、季度和月度计划编制、月度实施进度填报、养护计划实施情况抽查、养护计划考核等。

(4)技术状况管理

根据交通运输部发布的《公路技术状况评定标准》(JTG 5210—2018),评价内容包括路面、路基、桥隧构筑物和沿线设施,业务场景包括任务下达管理、检测前的报备管理、现场检测管理、数据处理及分析管理、检测报告编制管理、检测报告审查管理和检测报告归档管理。

(5)日常养护管理

其主要实现高速公路的日常养护工作,包括保洁、绿化和路面小修工程,实现手段则包括道路巡查、病害发现、任务调度、维修工作、小修验收。

(6)养护工程管理

根据路、桥、隧养护设计业务管理范围,养护工程管理主要包含:任务下达管理、方案设计管理、方案设计审查管理、施工图设计管理、施工图设计审查管理、设计服务管理、设计项目归档管理。

(7)养护应急管理

其主要对高速公路突发事件、水毁塌方、冬季除雪除冰等应急保畅工作进行管理,以提升公路运行应急保障水平,主要包括养护应急预案启动、养护应急处置、养护应急指挥调度和养护应急统计四个部分。

(8)内页资料管理

其主要包括养护统计报表、工作记录、技术资料及其他资料(公路防汛、除雪保畅、用工管理等)四个部分。

1.2 智慧管养系统的关键技术

1.2.1 科学养护关键理论方法

(1)路网级路面养护决策理论

该理论综合路况评估、性能预测、养护决策、养护规划、决策结果可视化展示等方法,可辅助管理者充分、全面地了解整个路网的运营状况,并可基于最新的路况、交通量及路龄等数据,制订详细的养护计划,优化各路段的养护资金分配,实现自上而下的科学决策。

(2)日常养护大数据分析

通过大数据分析技术,进行病害历史信息及养护决策模型库的对比分析,对其安全等级、变化趋势等进行自动判断,并结合养护资金整体使用情况,自动派发养护任务单,或转为人工审核状态并提供辅助决策信息,以实现养护业务的高效化与精细化管理。

(3)公路养护智能预警分析

建立事件分析模型,增强应急事件预警能力。将事件信息按照时间、地点、类型等类别进行细度划分,结合气象信息、地质信息、车流量信息、交通路网信息,对不同时间、不同天气、不同地质条件的事件发生概率进行分析,通过长期分析筛选出特定条件下的事件发生概率与类型,增强应急事件的预警能力。

(4)多源异构数据的融合解析方法

针对多源检测数据类型较多、采集频率密度不一、数据质量差异较大的状况,采用数据融合解析算法,对数据进行预处理,从而筛除冗余、错误数据,挖掘不同装备采集的多源数据的属性特征,探索多源异构大数据结构化存储模型与存储结构。

(5)高速公路资产风险管控理念

高速公路资产风险管理是高速公路管养单位为了完成有效管理公路资产,实现公路资产效益最大化目标,对高速公路资产在工程建设、运营、管理、维护等全周期管理过程中可能面临的各种风险进行识别并采取合理措施进行应对的过程。其明确了风险管理流程,并具体对风险管理的评价及处治等关键环节进行了分析,建立基于风险发生概率和后果程度分析矩阵的风险评价模型,提出了针对风险等级的处治策略。

1.2.2 关键信息化技术应用

(1)基于 GIS 地图的全路产数据可视化展示技术

该技术通过将高速公路数据库中的数据与地图图形相结合,利用更加直观、丰富的图表和视频对高速公路采集、处理及决策等相关数据进行可视化展示,实现高速公路基础数据展示和决策结果的展示。

(2)公路资产高精数字化获取技术

该技术综合了轻量化的采集设备 + 三视角采集方案、多期实景数据融合处理技术、实景与空间数据融合应用技术,对高速公路基础设施路产的全要素空间位置的提取,从而建立起实景影像、基础设施路产、空间位置、路线桩号之间的关联关系,实现高速公路基础设施全要素路产的高精数字化获取。

(3)融合实景影像的公路电子地图技术

该技术构建了 GIS 地图共享服务、实景影像展示共享服务、全路网基础数据及路产数据查询共享服务,为高速公路信息化建设提供了 GIS 地图支撑、实景影像支撑、数据支撑。一图、一数、一服务保障了数据资源的一致性,节约了信息化建设成本。

(4)智能巡查技术

该技术实现了高速公路关键病害的自动化识别,构建"云平台 + 微服务 + 边缘检测"的智慧巡查服务系统架构,对道路沿线广域图像信息进行智能分析、自动甄别、高效评估,并结合北斗高精定位系统,形成路面损坏"巡查-审核-派单-养护-监管-跟踪"的自动化、信息化业务流程,可有效监管道路护栏、伸缩缝、路面等设施资产的完整性与健康水平。

(5)基于 BIM + VR 的养护数据可视化技术

通过 BIM 技术建立高速公路桥梁或隧道的数字模型,并辅以虚拟现实(VR) + 增强现实(AR)等沉浸式技术,在 VR 环境中查看桥梁或隧道整体运营情况以及土建结构 + 机电设施养护数据,有利于辅助高速公路全领域的管理、运营、养护专业教学和培训,从而可以提高管理者管理效率和一线工作者维护工作效率。

1.3 智慧管养系统的应用架构与建设思路

1.3.1 应用架构

围绕高速公路养护管理工作现状,以"集约管理、协同运作、按需部署、随需应变”为核心理念，构建“纵向集成、横向融合、一体化管理”的管控体系，提高管控可靠性，发挥协同效应，增强养护管理整体效益，进行应用架构搭建，如图1-2所示。

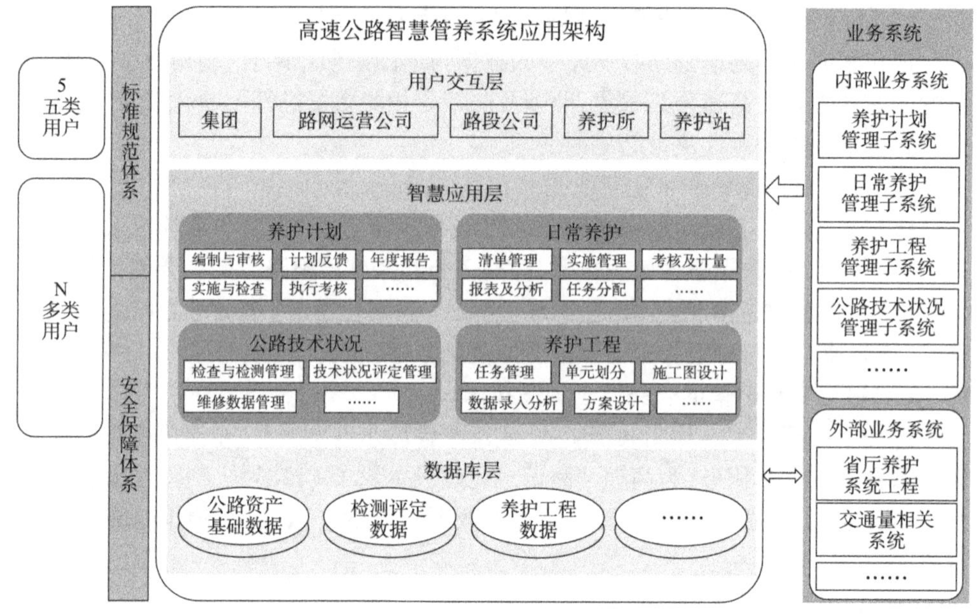

图1-2 应用架构

智慧管养系统的应用架构包括“3层、2体系”，分别为用户交互层、智慧应用层、数据库层和标准规范体系、安全保障体系。

(1)用户交互层

用户交互层包含五类用户，分别是集团、路网运营公司、路段公司、养护所和养护站，实现各层级用户协同联动。

(2)智慧应用层

智慧应用层主要包括四大类业务管理子系统，分别为：养护计划管理子系统、日常养护管理子系统、养护工程管理子系统、公路技术状况管理子系统，分别对应养护计划管理、日常养护管理、养护工程管理和公路技术状况评定等应用模块，除现阶段的养护计划编制与审核、计划反馈、年度报告、实施与检查、执行考核、日常养护清单管理、实施管理、任务分配、技术状况评定管理、养护工程施工图设计等应用场景外，业务系统未来可无限拓展，不断地满足各种养护管理的要求。

(3)数据库层

高速公路养护涉及的数据来源和类型很多，数据库层包括公路资产基础数据、检测评定数据、养护工程数据等实时采集数据库和共享信息库，并向GIS空间库、业务分析库、模型库、生产数据库、工程管理库延伸。

(4)标准规范体系

贯穿整个智慧管养系统的设计和建设，为信息化系统的规划、建设、完善提供制度依据和标准规范。

(5)安全保障体系

为整个智慧管养系统提供信息安全服务和运维管理服务，保证整个系统安全、可持续运行。

1.3.2　建设思路

当前我国高速公路养护精细化程度不高，管理信息化、智能化水平同一些发达国家相比仍有巨大差距。对高速公路智慧管养系统的探究：一是完善高速公路养护决策，使养护目标更加科学，并通过对高速公路路面与桥梁两大主要结构的性能评价与状况预测，使得养护目的更有针对性；二是解决高速公路养护基础信息碎片化问题，使高速公路养护信息形成统一关联的整体，突出高速公路基础信息的共享、集聚和开放，进而形成养护行业大数据能力；三是解决高速公路养护管理动力不足的问题，围绕绿色创新发展理念，优化各管理要素的配置，推动“互联网＋”与养护管理融合发展，进而激发高速公路养护发展的新动力。

因此，高速公路智慧管养系统的建设思路，需针对养护管理工作现状，首先确定高速公路养护的总体目标、根本任务、管理方针和工作重点，也就是养护管理职能的“规划”；然后发挥能动作用实现工程管理，也就是养护管理职能的“组织协调”；最后，按照三阶段进行实施，分别是基础平台建设阶段、养护业务全面覆盖阶段和先进系统构建阶段。

其中，基础平台建设阶段，主要解决养护资产数据、养护业务数据汇总、流通及展示，并实现日常养护、技术状况以及公路辅助决策的信息化；养护业务全面覆盖阶段，实现养护业务流程全覆盖，深化科学决策，使养护业务更高效、养护决策更科学；先进系统构建阶段，将物联网、人工智能及大数据分析技术全面引入到各子系统中，构建智能、先进的综合养护平台。

1.4　智慧管养系统的应用价值

随着我国公路交通运输需求快速增加，高速公路车流量逐年提高，现代化的物流环境对公路养护的技术、质量、效率提出了更高的要求，搭建智慧管养系统，提升在养护信息方面的优势，有利于正确评价养护对象状况和服务水平，为公路运营、决策、养护施工提供科学的技术数据。智慧管养系统的搭建具有以下应用价值：

(1)智慧管养系统将不同的部门连接起来，使管理流程更加透明，一定程度上公开管理技术数据和资源，有助于树立良好的高速管理对外形象，贯通部门之间信息沟通壁垒。

(2)智慧管养系统有助于养护信息实时记录、反馈和分析，提升养护信息流动性，从而提高企业运作效率；并且累积的大量基础数据可作为养护施工标准化的依据，推动整个养护市场的健康发展。

(3)智慧管养系统优化了养护管理流程，使养护业务管理程序更加合理、规范，全面提高了养护业务管理水平，体现出管理的创新性。

(4)智慧管养系统为养护管理带来了科学决策，可以合理分配资源，优化养护计划，降低管理成本，增强整个系统的综合竞争力，从而带来良好的经济效益和社会效益。

(5)为高速公路养护业务管理建立起科学的支撑平台和环境，将有效促进养护管理模式和运行机制的改革和转变。

高速公路智慧管养系统，可以加快现代信息技术的集成创新与应用，有效提升高速公路养护管理智能化水平，转变传统的高速公路养护管理模式，提升高速公路的运营效率，使高速公路养护资源要素从分散转向集约、从经验判断转向科学决策、从孤立封闭转向分享开发，进而迈入全面联网、互联互通、业务协同、智能应用的新阶段。满足当代高速公路养护“大规模”和“高质量”的要求，更好地帮助养护决策者确定资金的需求与分配，为公众出行提供更优良的服务。

第2章　高速公路智慧管养系统应用现状调查与分析

2.1 概述

为全面、客观地反映智慧管养系统在我国高速公路养护行业的应用现状，以及用户对智慧管养系统各个功能模块所实现功能的关注点，本书编写组对我国目前高速公路管养单位智慧管养系统的应用情况进行了调查研究，并将其结果作为本章的主要内容。对于调查不能覆盖的部分，借鉴了其他来源的数据；对于没有其他数据可借鉴的部分，采取了根据感性认识进行定性描述的方法。

此次调查基于征集到的问题进行问卷调研，分为线上和线下调查，共收到107份调研问卷，其中有效问卷101份，无效问卷6份。线上调查是指由PC端、手机扫描二维码和电子邮箱进行调查问卷链接推送，调查对象点击电子问卷链接进行答题，此部分共收到61份有效问卷，占总体样本的60.4%；线下调查是指向调查对象发送纸质问卷，再进行问卷回收并录入系统，此部分共收到40份有效问卷，占总体样本的39.6%。如图2-1所示。

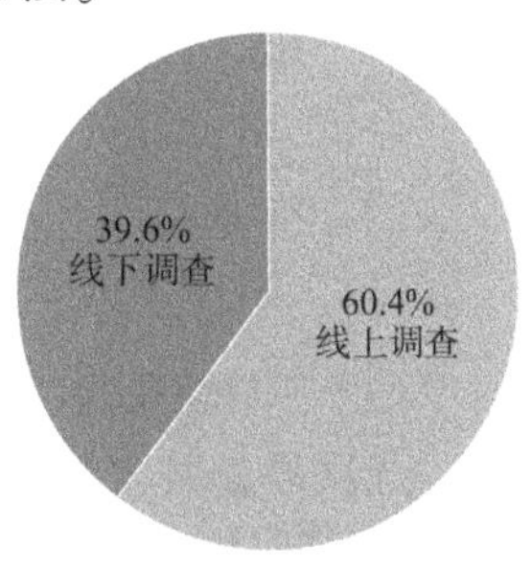

图2-1　调查占比渠道

(1)被访对象单位分布情况

本次调查被访对象覆盖了江苏、江西、重庆、安徽、广西、四川、甘肃、贵州、天津、河南和北京11个省(区、市)，其中被访问对象中，江苏省单位数最多，占比43%；江西省单位数次之，占比28%；广西壮族自治区单位数，占比5%；重庆、安徽、四川、甘肃、贵州、天津、河南和北京单位数均占比3%，如图2-2所示。

(2)被访对象问卷反馈情况

从被访对象反馈的有效问卷数量来看，江苏省最多，有36份；江西省有27份，广西壮族自治区有18份，安徽省有9份，重庆市和四川省均有3份，其他省(区、市)均有1份，如图2-3所示。

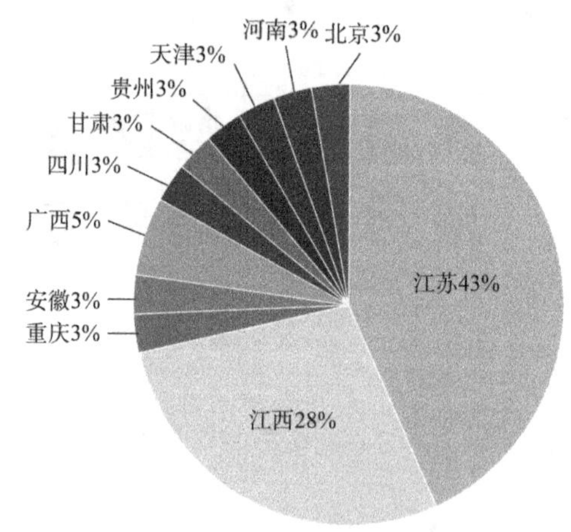

图 2-2　各省(区、市)调查单位分布情况

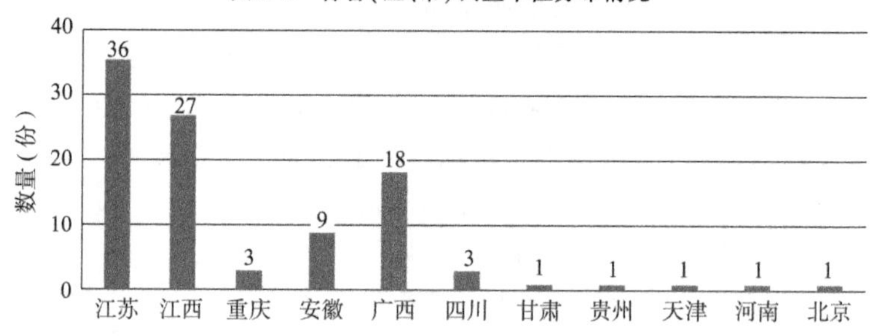

图 2-3　各省(区、市)反馈问卷数量统计表

(3)各专题反馈问卷数量分析

此次调查共收集 101 份有效问卷,其中综合专题 52 份,占比达 51.49%;路面专题 23 份,占比为 22.77%;桥梁专题 26 份,占比为 25.74%,具体如图 2-4 所示。

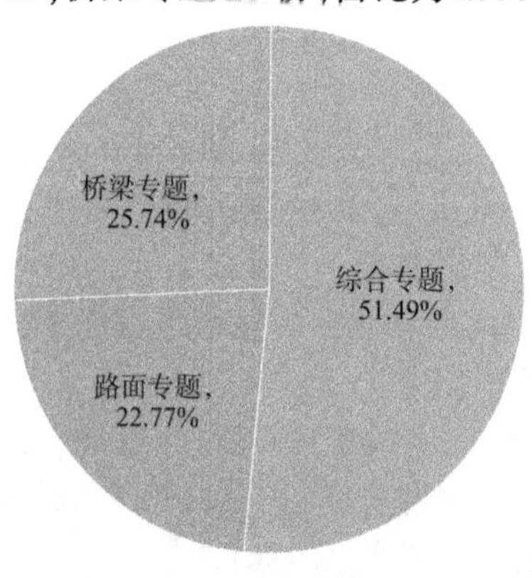

图 2-4　各专题调查问卷数量统计图

此次调查针对综合专题收集的调研问卷较多，综合专题主要调查的内容为目前被访问单位在用的智慧管养系统现状、存在的问题以及在养护管理工作中存在的痛点。因此，此次调研在此方面得到的反馈更为详细和深入。

2.2　智慧管养系统的应用现状

2.2.1　智慧管养系统的应用情况

智慧管养系统是运用信息化手段，围绕高速公路的管养业务建立支撑养护管理、互联协同、智能科学决策的一整套信息化平台。受限于我国早期经济的发展，公路养护管理工作相对于发达国家有所滞后，开展养护决策主要凭借经验及定性分析。1984 年之后，国内智慧管养系统在引进国外理论及技术的基础上，逐步实现自主研发。随着公路养护单位信息化建设的不断深入，以及互联网技术的不断发展，越来越多的公路养护单位对智慧管养系统有了较为深入的了解，并且已有部分单位开发了属于自己的智慧管养系统。

本次调查显示，被访单位大部分通过业内同行了解到高速公路智慧管养系统，占比 42.51%；通过媒体和行业会议了解到智慧管养系统的被访单位占比差不多，分别为 21.08% 和 19.27%；通过软件系统供应商了解到智慧管养系统的被访单位占比为 11.06%；还有 6.08% 的被访单位通过其他渠道了解到智慧管养系统，如图 2-5 所示。

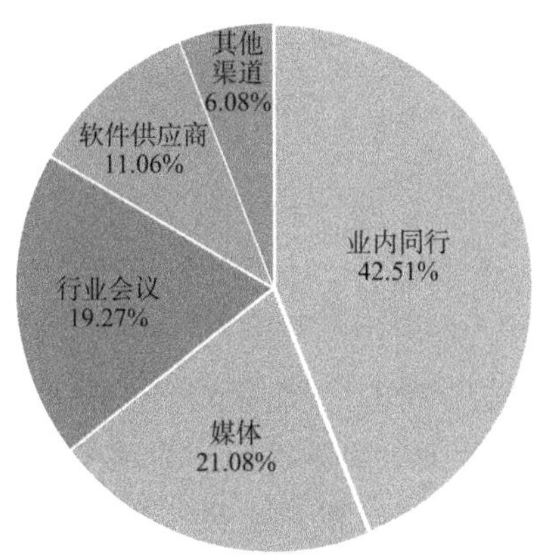

图2-5　被访单位了解智慧管养系统的渠道

由此可见，目前智慧管养系统的宣传渠道较为集中，大部分单位了解到智慧管养系统是通过业内同行、媒体宣传等途径，虽然表明智慧管养系统在行业内已经获得了一定的关注度，但宣传推广方式不够系统化。

此外，调查显示，针对智慧管养系统各子系统的建设应用情况，大多数被访单位都已经建设了桥梁管理系统、日常养护管理系统和路面管理系统，建设比例基本达到60%之上，其中桥梁管理系统的建设比例最高，达到了90%之上；大概有50%的被访单位已建设了综合养护管理系统和桥梁健康监测系统；关于桥梁定检系统、养护工程管理系统、计划管理系统、路面养护工程施工质量管控系统等，目前已建设的被访单位还比较少，都在30%以下，其中路面养护工程施工质量管控系统只有15.87%，如图2-6所示。这表明，绝大部分公路养护单位出于自身需求而开展智慧管养系统的开发应用，当前阶段，并没有将智慧管养系统的应用上升至单位战略发展层面，借助智慧管养系统打造核心竞争力。

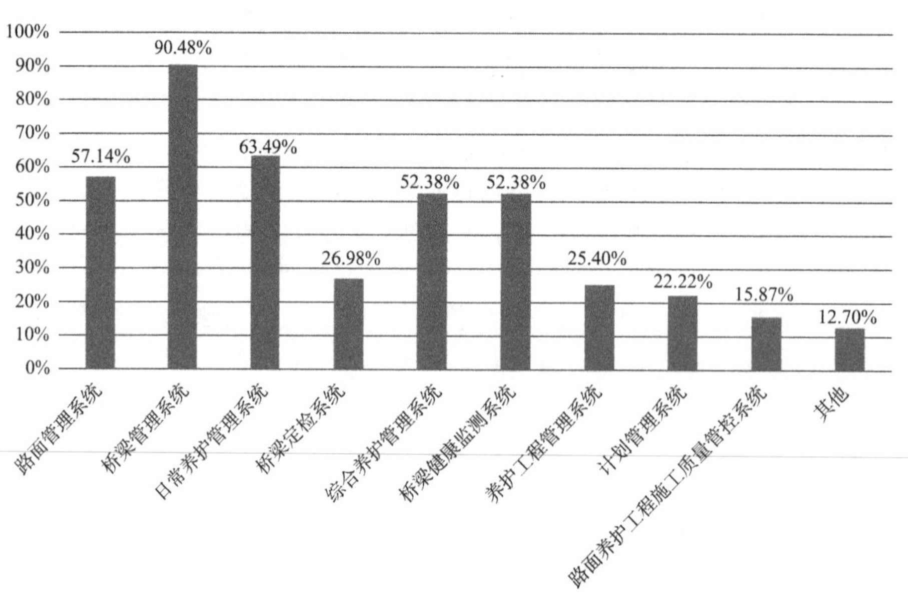

图2-6　被访单位各智慧管养系统建设应用情况

再者，调查结果表明，被访对象认为智慧管养系统各子系统建设优先级各不相同，其中11.3%的被访对象认为公路资产统一管理平台最为迫切；其次是路网资产数据库，占比10.8%；第3是路面养护辅助决策分析子系统，占比10.6%；第4是桥梁养护辅助决策分析子系统，占比10.2%；第5是可视化综合展示子系统，占比9.9%；第6和第7分别是日常养护管理子系统和桥梁健康监测子系统，占比均为8.1%；第8是隧道养护辅助决策分析子系统，占比7.8%；第9是养护计划管理子系统,占比7.4%;第10是养护工程管理子系统,占比6.5%;第11是桥梁定检子系统,占比6.2%;最后是基于物联网的养护工程智慧工地子系统,占比仅为3.0%,如图2-7所示。

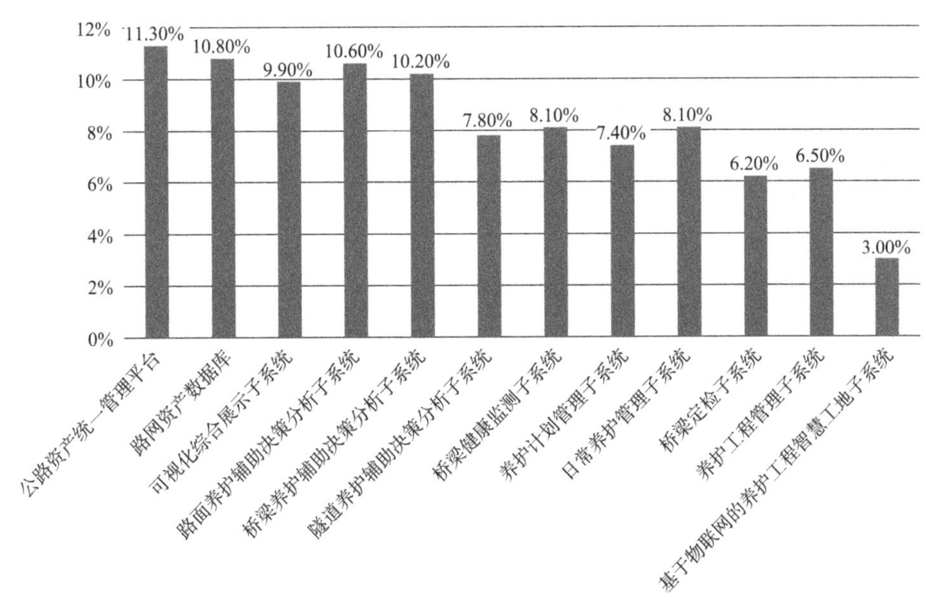

图2-7 被访对象认为智慧管养系统各子系统建设的优先级排序

随着高速公路养护体量的快速增长,对公路养护管理的效率、服务水平、决策性和精细化提出了更高的要求,大数据、云计算、物联网、BIM、GIS等信息技术的快速发展和智慧管养系统的出现,使高速公路养护管理逐渐由人工方式转变为信息化、智能化管理,提高了公路养护管理效率,并辅助养护决策制定,为养护单位带来切实效益。因此,紧随信息技术发展,持续升级维护已建设的信息化管理系统,同样至关重要。调查显示,被访单位计划管理系统维护率最高,占比78.57%;其次是桥梁健康监测系统,占比75.76%;第3是综合养护管理系统,占比69.70%;第4是日常养护管理系统,占比65%;第5是路面养护工程施工质量管控系统,占比60%;养护工程管理系统和路面管理系统占比差不多,分别为56.25%和55.56%;最后是桥梁定检系统和桥梁管理系统,分别占比52.94%和50.88%,如图2-8所示。结果表明,被访单位对目前所使用的系统,在不同程度上都进行了持续升级维护服务。其中维护升级率较高的包括计划管理系统、桥梁健康监测系统、综合养护管理系统。

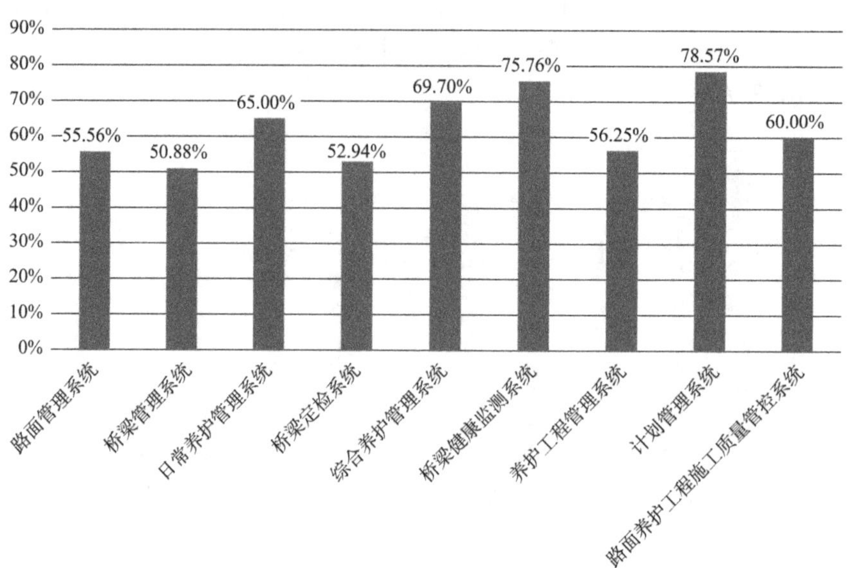

图 2-8　被访单位持续升级维护的信息化管理系统

2.2.2　智慧管养系统的应用范围和深度

智慧管养系统必须以信息的互联互通为支撑,覆盖高速公路养护管理全寿命周期,按照路面、桥梁和隧道等管养对象,打通资产数据采集、评定、决策之间的数据孤岛,形成横向到边、纵向到底的数据交互关系。随着智慧管养系统在公路养护行业的不断应用,管养单位对智慧管养系统的认识也不再流于表面,而是通过实际应用实现了一定的效益。

从智慧管养系统在高速公路养护管理单位的应用现状来看,目前,大多数单位对智慧管养系统的应用尚处于探索阶段。调查显示,被访单位对智慧管养系统的应用范围较为集中。其中,被访单位中,有 70.0% 的单位目前智慧管养系统主要应用于日常养护管理;应用路面管理和桥梁管理的被访单位相差不多,分别为63.9%和63.2%;有54.5%的单位目前智慧管养系统主要应用于综合养护管理;有 50.0% 的单位目前智慧管养系统主要应用于路面养护工程施工质量管控;还有单位目前管养系统主要应用于养护工程管理、桥梁健康监测、计划管理和桥梁定检,分别占比 43.8%、42.4%、35.7%和 29.4%,如图 2-9 所示。可见,智慧管养系统的集成应用、延展性应用相对较少,这也说明智慧管养系统应用有待进一步深入。

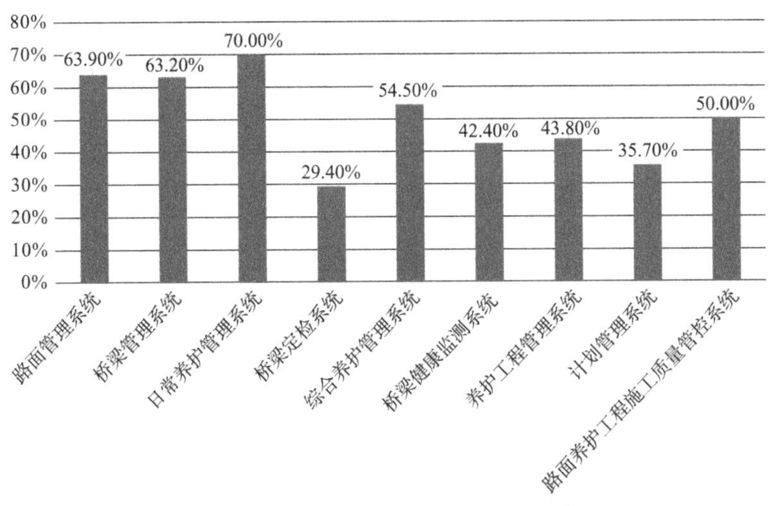

图 2-9　被访单位使用频次较高的智慧管养系统

具体来看，调查显示，被访单位已建设路面相关的智慧管养系统，比例达到80%以上，其主要应用范围包括路面基础数据管理和路面养护历史数据管理，占比均为95.24%；85.71%的被访单位应用了路面技术状况数据管理；76.19%的被访单位应用了路面检测数据管理；66.67%的被访单位应用了路面养护统计报表；62.86%和61.9%的被访单位分别应用了路面养护辅助决策、交通量和环境数据管理；33.33%的被访单位应用了路面性能预测；还有4.76%被访单位应用了其他管理，如图2-10所示。可见，管养单位在积极探索智慧管养系统在路面基础数据管理、路面养护历史数据管理和路面技术状况等方面开展了智慧应用。这些智慧应用，可以有效帮助养护单位更高效地进行路面管养，带来更多直接效益。

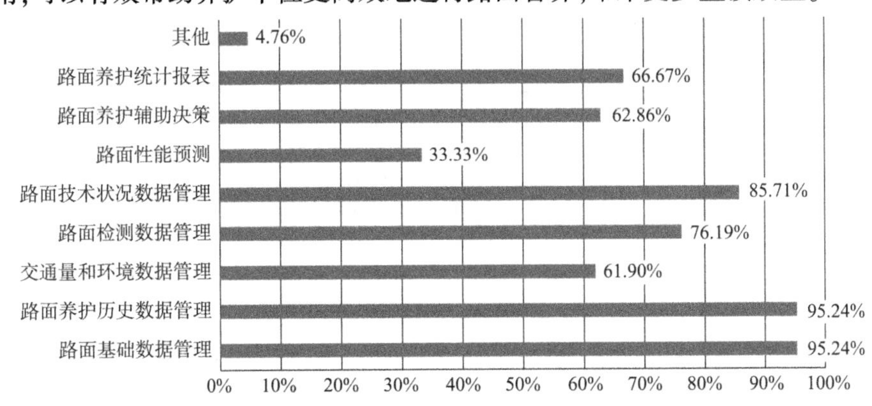

图 2-10　被访单位路面相关智慧管养系统应用情况

各被访单位对智慧管养系统路面数据存储应用情况不一,66.67%的被访单位认为路面数据较全面,数据准确度较高,完全满足当前养护管理需求;23.81%的被访单位认为路面数据缺乏,只有路面基础数据和路面技术状况数据,无维修历史数据和检测原始数据,难以支撑当前养护管理需求;还有9.52%的被访单位认为路面数据尚不完整及准确,如图2-11所示。

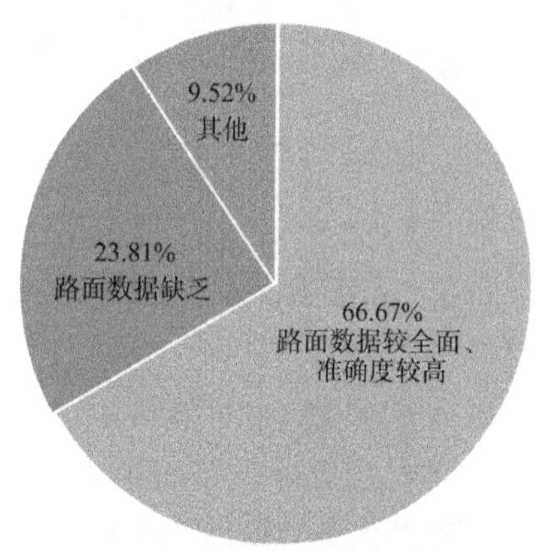

图2-11　被访单位智慧管养系统路面数据存储应用情况

此外,有33.33%的被访单位认为智慧管养系统路面可视化展示界面丰富、直观,完全满足当前使用需求;有47.62%的被访单位认为可视化展示功能简单;还有19.05%被访单位无可视化展示功能,如图2-12所示。可见,目前管养单位开始重视可视化展示技术的应用和投入,这也是基于路面养护可视化管理的需求所在。随着BIM+GIS应用技术的飞速发展,养护单位对于综合性可视化展示技术的应用将趋向于成熟。

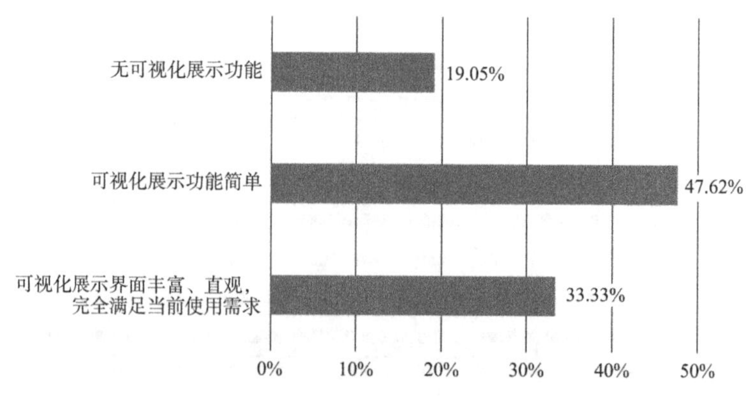

图2-12　被访单位智慧管养系统路面可视化展示应用情况

在智慧管养系统路面数据分析应用方面，调查显示，仅有 19.05% 的被访单位认为智慧管养系统路面数据分析功能丰富，能够有效支撑养护管理工作；有 71.43% 的被访单位认为数据分析功能简单；还有 9.52% 的被访单位无数据分析功能，如图 2-13 所示。

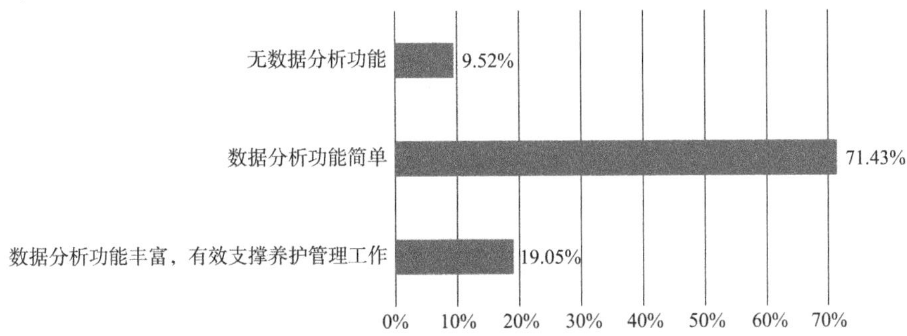

图 2-13　被访单位智慧管养系统路面数据分析应用情况

在智慧管养系统路面辅助决策分析应用方面，调查显示，仅有 19.05% 的被访单位已有智慧管养系统路面辅助决策分析功能，并应用到实际的养护工作中；有 47.62% 的被访单位有辅助决策分析功能，但未得到实际应用；还有 33.33% 的被访单位无辅助决策分析功能，如图 2-14 所示。这表明，已有养护单位在公路养护过程中，通过大数据、模型分析等方法，尝试应用路面辅助决策分析功能，为路面养护决策提供科学支撑，但仍处于探索阶段。

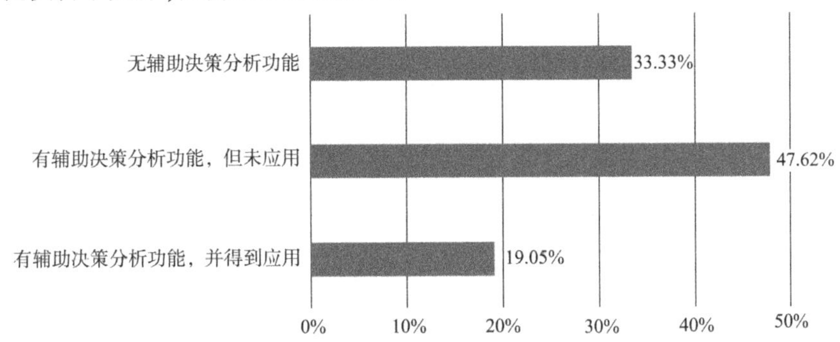

图 2-14　被访单位智慧管养系统路面辅助决策分析应用情况

调查显示，被访单位已建设桥梁相关的智慧管养系统，比例达到 92% 以上，其主要应用范围包括桥涵基础数据管理，占比 100%；96% 和 92% 的被访单位应用了桥涵定检数据管理和桥涵经常性检查数据管理；应用了桥涵特殊检测数据管理和桥涵维修数据管理的被访单位占比均为 68%；应用了桥涵日常巡查数据管理和桥涵定检病害数据统计分析的被访单位，占比均为 60%；还有 44% 的被访单位应用了桥涵经常性检查统计分析和桥涵养护辅助决策管理，如图 2-15 所示。可见，管养单位在积极探索智慧管养系统在桥梁养护管理方面，基本都建立了桥梁数据库管理功能，包括基础数据管理、定检数据管理、经常性检查数据管理、日常巡查数据管理、特殊检查数据管理、桥梁维修数据管理等；并且也具备了一定范围的统计分析和辅助决策管理功能。这些智慧应用，可以有效帮助养护单位更高效地进行桥梁管养。

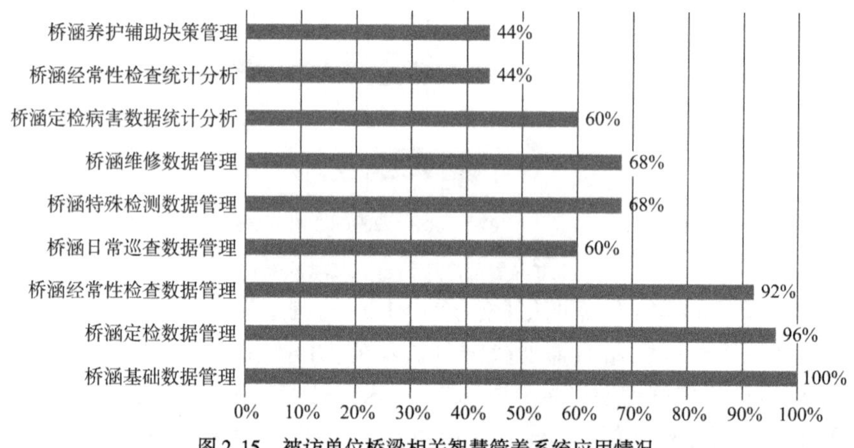

图 2-15　被访单位桥梁相关智慧管养系统应用情况

调查显示，有 20% 的被访单位认为智慧管养系统桥梁可视化展示界面丰富、直观，完全满足当前使用需求；有 44% 的被访单位认为可视化展示功能简单；有 12% 的被访单位认为电脑端可视化功能完善，但缺乏移动端功能，不利于移动办公；还有 24% 的被访单位无可视化展示功能，如图 2-16 所示。

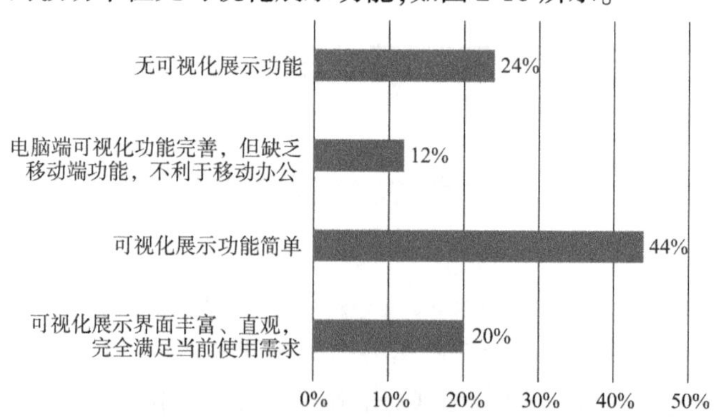

图 2-16　被访单位桥梁可视化展示应用情况

此外，目前被访单位的桥梁相关智慧管养系统，在数据分析方面较为丰富，能够有效支撑养护管理工作，占比仅有 20% 左右；有 36% 左右的被访单位有一定的数据分析功能,但对养护决策无支撑;还有44%左右的被访单位数据分析功能过于简单,或基本无数据分析功能,如图2-17所示。这表明,养护单位对于专业性、科学性分析桥梁养护数据的智慧应用,仍处于小范围探索阶段。

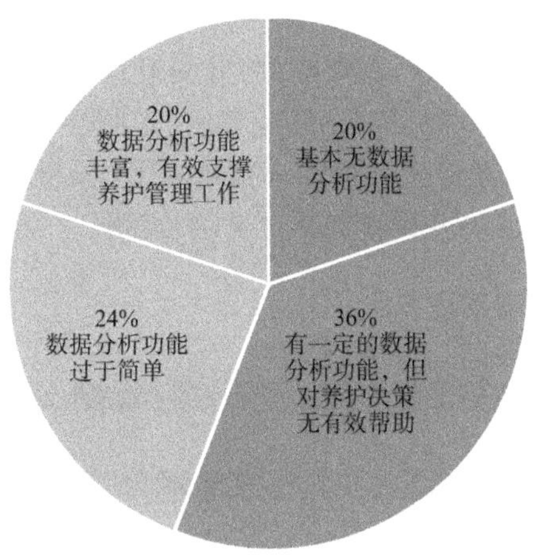

图2-17　被访单位桥梁数据分析应用情况

在智慧管养系统桥梁BIM可视化技术的应用范围方面,调查显示,有22.22%的被访单位认为其管辖的所有桥梁都应建立BIM模型;有48.15%的被访单位认为特大桥都应建立BIM模型;有14.81%的被访单位认为技术状况较差的桥梁应建立BIM模型;有11.11%的被访单位认为对其他特定类型桥梁建立BIM模型;还有3.7%的被访单位不明确,如图2-18所示。

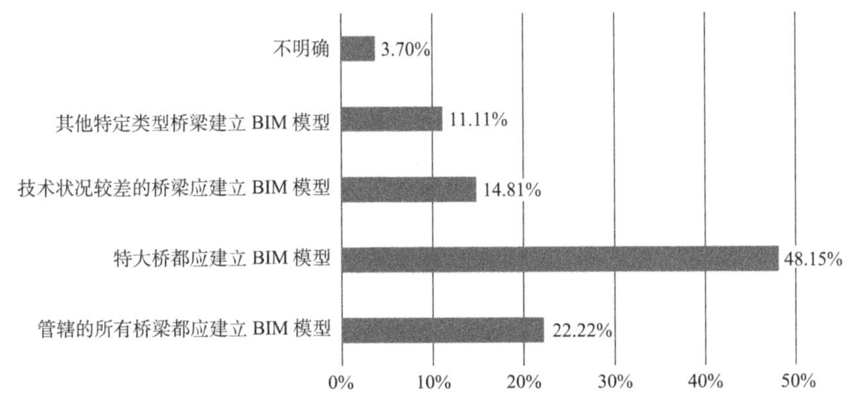

图2-18　被访单位智慧管养系统桥梁BIM可视化技术应用情况

智能管养系统定位于高速公路管理养护工作整体信息化系统的协同与共享,通过集成BIM+GIS、公路资产高精数字化获取技术、智能巡查技术等应用技术,制定数据接口、建立管理规范和日常养护、养护工程、养护计划、养护评定、养护科学决策等业务场景管理，在各级子系统充分覆盖基层业务的基础上，实现各信息化子系统的数据共享和协同工作。调查显示，有多达75.21%的被访单位认为智慧管养系统要具有管理数据的综合分析功能，70.53%的被访单位认为智慧管养系统要具有各业务的沟通协调功能，此外，操作简便、方便查询与应用的占比为69.97%；各业务系统的数据集成占比为71.82%；还有6.73%的被访单位认为智慧管养系统需要具有其他功能，例如全员全过程管理痕迹留存、分析等功能，如图2-19所示。可见，对于管养单位，还需要智慧管养平台易用、好用。

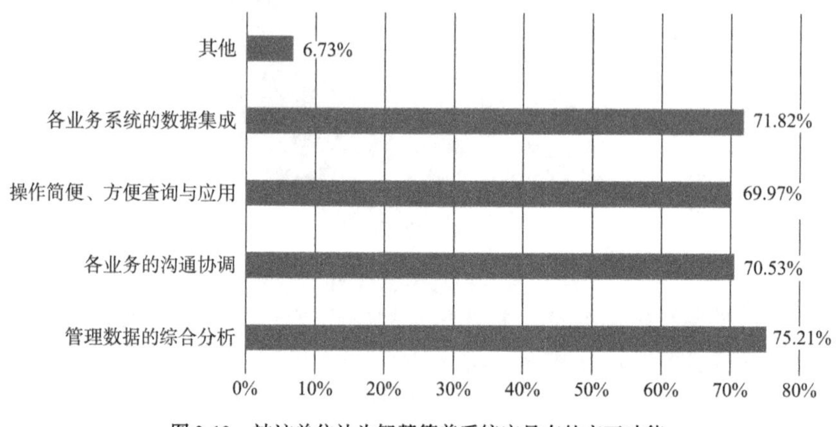

图2-19 被访单位认为智慧管养系统应具有的交互功能

2.3 智慧管养系统发展趋势调研与分析

2.3.1 智慧管养系统应用存在的问题

随着高速公路养护管理信息化建设的不断深入，智慧管养系统建设越来越趋向高速公路养护实用性及全面性，即通过信息化技术的集成应用改变传统管理方式，实现传统高速公路养护模式的变革，使其更智慧化。当然，综合性高速公路智慧管养系统的应用还在探索和尝试阶段，目前还存在许多问题。调查显示，高速公路智慧管养系统的应用存在多方面问题，包括制度、标准以及技术等方面。其中，多达61.36%的被访单位认为配套软硬件不成熟，是目前智慧管养系统存在的最大问题；被访单位认为管养系统缺乏行业标准是当前最大问题的占比为52.18%；分别有49.83%和47.31%的被访单位认为对智慧管养系统价值认识不足、投入不足是最大的问题；还有37.59%的被访单位认为行业主管部门的引导不够是目前智慧

管养系统应用存在的最大问题,17.73%的被访单位认为目前智慧管养系统应用的最大问题还有其他方面,例如前期投入费用较大、收益成效较慢、设计开发与实际工作差别较大等,如图2-20所示。

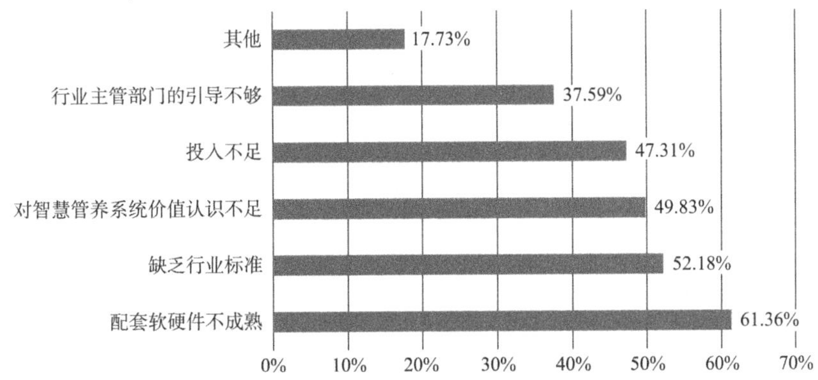

图2-20　被访单位认为智慧管养系统应用存在的最大问题

这表明,目前高速公路智慧管养系统主要集中在技术、政策和经费投入三大层面存在问题。

(1)技术问题。配套软硬件不够成熟,难以支撑智慧管养系统的全面应用,同时,网络基础设施以及公路资产数据采集设备的参差不齐也成为智慧管养系统应用的瓶颈。因此,研究应用新技术、改进软件功能、完善配套设施、进一步加大智慧管养系统的推广宣传,是当前需要解决的重要问题。

(2)政策标准。目前智慧管养系统应用缺乏相关标准、规范,各管养单位结合自身当前的养护业务需求,进行开发和应用,建立的智慧管养系统缺乏顶层设计,不利于之后的系统升级改造。

(3)经费投入。全面、综合性智慧管养系统囊括公路养护所有业务,包括养护工程、养护计划、日常养护、科学决策、养护评定、可视化展示、资产数据采集以及新技术试点工程应用等,一次性建设经费投入过大,公路养护单位不得不统筹安排,分期进行系统开发。但是在先期智慧管养系统建成应用后,由于其未达到预期的成效,往往导致后期系统开发的搁置。

公路养护单位在智慧管养系统中遇到诸多技术难点。调查显示,被访单位认为智慧管养系统应用过程中首当其冲的技术难点是系统众多,集成难,占比65.72%;认为软硬件集成难是智慧管养系统应用过程中的技术难点的被访单位,占比为52.47%;有48.13%的被访单位认为公路养护现场环境差、使用效果无法保证是智慧管养系统应用的技术难点;还有18.37%的被访单位认为智慧管养系统的应用难点体现在其他方面,例如创新理念不足、系统庞大、完善时间长和大量资金投入等,如图 2-21 所示。

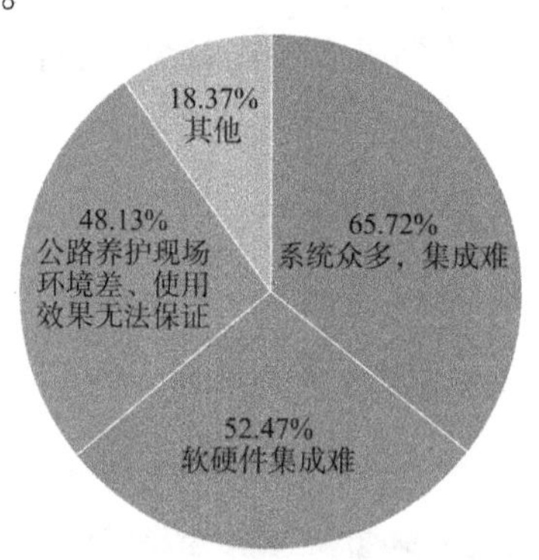

图 2-21　被访单位在智慧管养系统应用中遇到的技术难点

为了更好地推动智慧管养系统的应用,调查显示,有 64.13% 的被访单位认为需要配套政策及鼓励措施来推动智慧管养系统的顺利应用;被访单位中认为需加强行业培训和示范应用来推动智慧管养系统的占比,分别为 61.72% 和 59.46%;57.13% 的被访单位认为行业主管部门的引导对推动智慧管养系统的顺利应用作用明显;43.62% 的被访单位认为推动智慧管养系统的顺利应用,需加大投入;还有 9.26% 的被访单位认为还需其他方面推动智慧管养系统的应用,例如优化硬件,达到落地轻量化等手段,如图 2-22 所示。可见,目前智慧管养系统的开发主动性并不高,需要通过外部的激励手段进行推动,同时,现阶段,缺乏智慧管养系统应用成功、典型的标杆案例,使得部分公路养护单位无从下手,这在一定程度上,阻碍了智慧管养系统的推进,技术创新也是制约智慧管养系统全面推行的一大要素。可见,智慧管养系统的顺利应用,存在多方面掣肘。

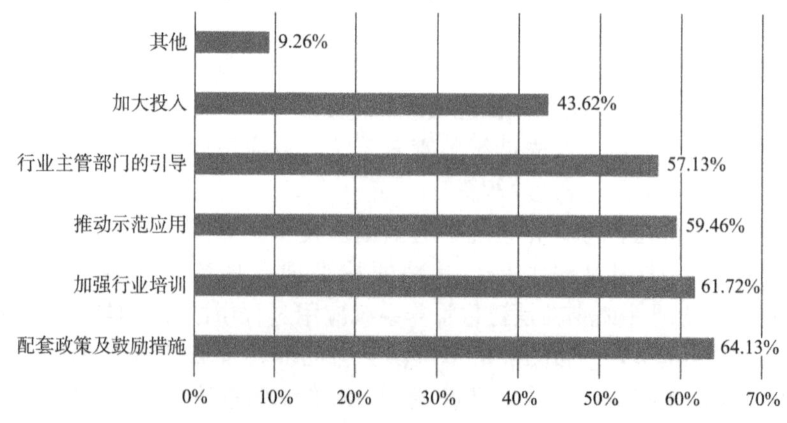

图 2-22　被访单位认为推动智慧管养系统顺利应用的途径

2.3.2 智慧管养系统发展趋势

高速公路养护行业的发展趋势是信息化、智能化和智慧化。随着BIM+GIS技术、互联网技术、大数据技术、物联网技术、智能巡查技术、公路资产高精数据化获取技术等关键技术的不断发展,为智慧管养系统的开发建设提供了机遇,智慧管养系统也会借助更多的信息技术解决公路养护中面临的一些管理问题。调查显示,有48.44%的被访单位认为智慧管养系统未来的发展趋势是顶层设计,避免"烟囱建设""重复建设";被访单位中认为未来的智慧管养系统应主动按需开发的占比为53.19%;认为管养系统需提供持续有效的数据维护服务和功能优化升级服务的被访单位占比57.81%;69.05%的被访单位认为,为公路养护决策提供科学的决策依据(如养护计划大数据支撑的管理决策、各类风险可量化指标)是智慧管养系统的未来发展趋势;有57.46%的被访单位认为实现公路养护业务内部无障碍沟通,养护管理协调顺畅是智慧管养系统未来的发展趋势;还有53.18%的被访单位认为实现专项信息技术与养护业务的有机融合,相互促进和提升是智慧管养系统的未来发展趋势,如图2-23所示。

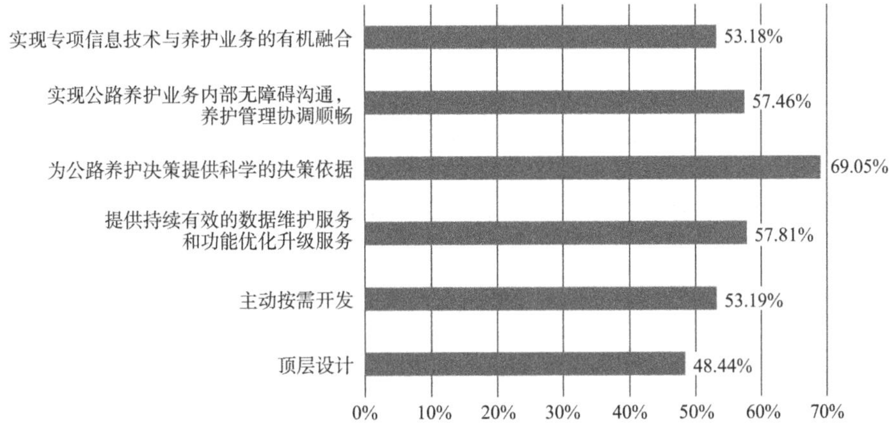

图2-23 智慧管养系统未来发展趋势

可见,未来智慧管养系统将通过各种先进技术手段进一步与公路养护管理进行融合和交互,将获得的各类养护业务信息进行集成,以大数据的充分挖掘和共享为基础,提高养护单位的科学分析和决策能力。未来的智慧管养系统也将通过先进技术的综合应用,构建公路养护管理的场景智慧运行,最终推动公路养护行业向更加智慧化趋势发展。

第3章　江西省高速公路智慧管养系统建设概述

3.1　江西省高速公路现状

3.1.1　基本信息

江西省地处我国长江中下游南岸，古称“吴头楚尾，粤户闽庭”，乃“形胜之区”，东邻浙江、福建，南连广东，西靠湖南，北毗湖北、安徽而共接长江，为长江三角洲、珠江三角洲和海峡西岸经济区的腹地，其承东启西、贯通南北、便捷通达、快速高效的交通运输网络，成就了“七省通衢”的地位。截至2021年底，全省高速公路通车里程达到6309公里，基本建成“四纵六横八射十七联”高速公路主骨架网，打通28个省际高速公路通道，全面实现“县县通”高速。

截至2021年底，江西省交通投资集团有限责任公司经营管理高速公路5367公里，约占全省通车里程的85%。

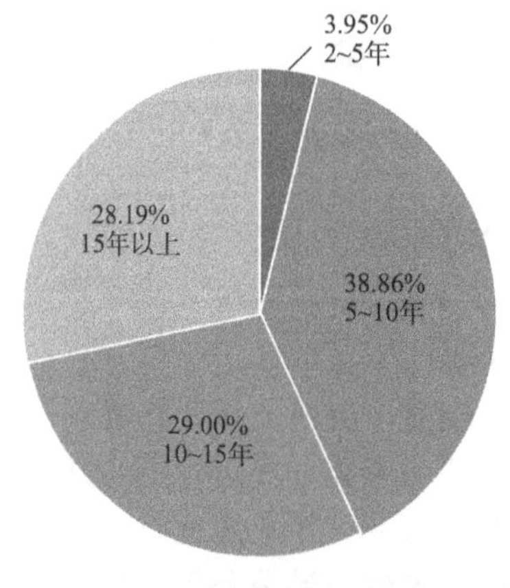

图3-1　高速公路路龄分布图

(1)按照路龄分布划分，共四大类，分别为通车2～5年高速公路里程为213公里，占比3.95%；通车5～10年高速公路里程2085公里，占比38.86%；通车10～15年高速公路里程1556公里，占比29.00%；还有1513公里的高速公路通车15年以上，占比28.19%，如图3-1所示。

(2)桥梁总数4819座，其中主线桥3841座，非主线桥978座。主线桥按规模划分，超大桥53座，占比1.38%；大桥1628座，占比42.38%；中桥1730座，占比45.04%；还有430座小桥，占比11.20%，如图3-2所示。

(3)隧道总数182座，其中特长隧道15座，占比8.24%；长隧道58座，占比31.87%；中隧道39座，占比21.43%；还有70座短隧道，占比38.46%，如图3-3所示。

(4)在交通量方面,年平均日交通量为 9.2 万辆/日,其中,重交通占比 11.05%,中交通占比 30.71%,轻交通占比 58.24%。

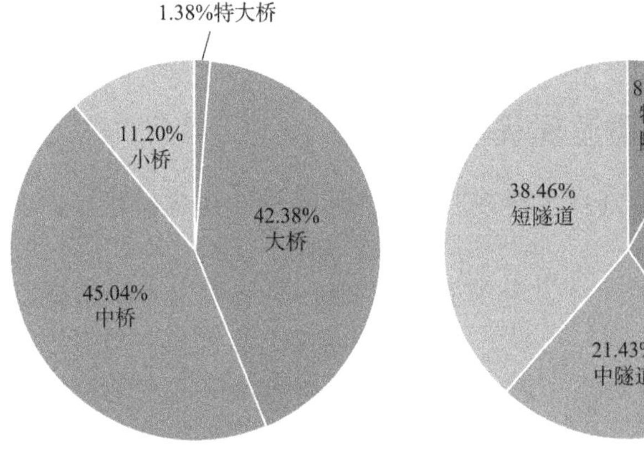

图 3-2　高速公路桥梁规模分布　　　　图 3-3　高速公路隧道规模分布

可见,随着高速公路里程的快速增长,基础设施建设资金持续投入、公路运营管理里程不断增长,江西省高速公路主骨架已基本建成,承东启西、贯通南北、便捷通达、快速高效的交通运输大格局初步形成。但高速公路路龄在 10 年以上的里程占比为 57.19%,超大桥以及超长隧道的占比分别为 43.76%和 40.11%,都直接反映了当前高速公路管养压力的剧增,传统的高速公路养护管理措施,无法满足新一代养护管理体系的要求。

3.1.2　养护管理现状

江西省交通投资集团采取垂直管理的模式对其辖区内高速公路进行养护,包括五个层级。

(1)江西省交通投资集团作为养护管理的最高层级单位,其负责所辖高速公路的宏观管理、总体把控。

(2)路网运营管理公司作为二级管理单位,其负责所辖高速公路的养护规划和养护计划审核,监督并考核各下级养护管理单位管养工作。

(3)高速公路管理中心是三级管理单位,其根据管养路段的路龄、交通量、公路资产技术状况等信息,制订合理的养护计划,并依据养护计划进行日常养护、养护工程的实施工作。

(4)养护所是四级管理单位,其负责制订辖区内的高速公路养护计划,并进行日常养护、养护工程的实施工作。

(5)养护站是五级管理单位,其是养护工作的实施主体。

在“十一五”“十二五”的全国干线公路养护管理大检查中，江西省连续两次获得了高速公路排名全国第六的成绩，在2021年的全国干线公路养护管理综合评价中，江西省高速公路路面状况排名第一，并且高速公路优良路率达99%，可见集团高速公路养护管理工作成效显著。

3.1.3 信息化建设现状

江西省交通投资集团(以下简称“集团”)已建设的高速公路养护业务信息化管理系统包括：养护管理平台(试点)、资产管理系统、集团路网系统、星级评定管理系统以及清障救援系统，如图3-4所示。该管理体系形成于高速公路土建工程大规模建设时期，针对当时的高速公路基础设施建设，从无到有提出了信息化管理的理念。因此，集团在信息化基础设施上有一定的基础，数据资源有一定积累，具备了一些信息化发展的环境条件。

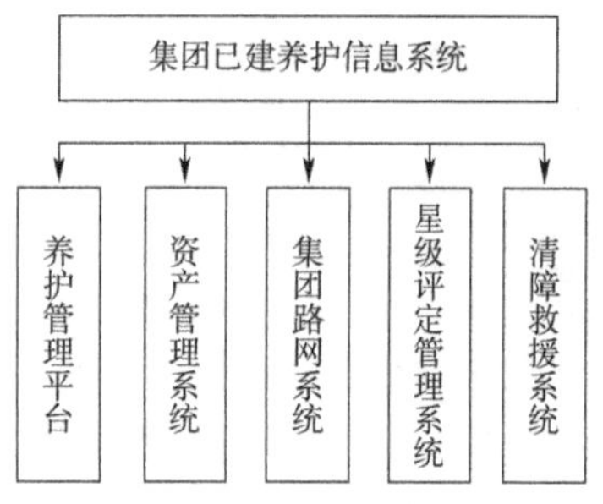

图3-4 集团已建养护信息系统

但随着江西省交通地位的提升、省内高速公路建设水平的快速发展，以及经济社会发展新形势下广大人民群众对于高效出行、舒适出行、安全出行需求的急剧攀升，高速公路管养的压力越来越大，现有的以路面整洁通畅为指导思想、以管理人员为主要方式的道路管养系统已经无法满足新一代养护管理体系的要求，具体表现在以下三方面：

(1)系统体系化程度不高，养护数据、资源分散

现有养护业务系统缺乏体系化和前瞻性设计，没有形成统一的养护管理体系，养护相关数据、资源分散，难以形成有效的业务闭环和知识积累。

(2)系统应用面较窄，辅助管理决策能力不强

现有养护业务系统服务面较窄，主要侧重于基础信息采集和业务处理，缺少辅助管理决策、应急处置和公共服务的综合性服务功能。

(3)信息化管理的优势发挥不足，高速公路管养效率偏低

未能充分发挥信息化管理的优势，养护业务依旧以人工处理、人工决策为主，没有形成精细化的管养模式，没有充分保障养护管理“高效性”、设施设备管理“高可用性”、运营服务“低误差性”、应急管理“及时性”，无法保障管理质量、管理效率双向指标的提高，养护决策及实施效率受到一定的限制。

此外，通过对集团12个管理中心目前使用的信息化系统进行调查发现，除了景德镇、南昌西管理中心外，其余单位都至少开发了一个养护业务系统，占比为

83.3%；有赣州、抚州、宜春、吉安四个管理中心各自开发多个业务系统，占比 33.3%；各单位现有业务系统功能主要集中在日常外业巡查管理，占比 60%；养护人员学习及信息协调方面占比 40%；并有 88% 的管理中心认为业务系统软件质量不高，易用性不高，研发经费有限，缺乏统一的数据平台支撑等，如图 3-5 所示。

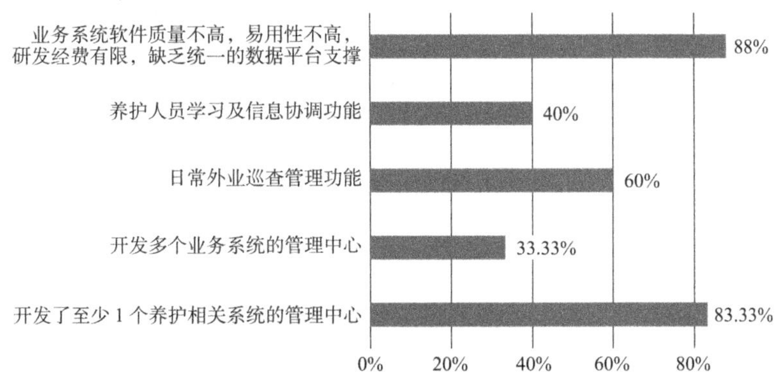

图 3-5 集团已建养护信息系统

因此，结合现有管养业务需求，以解决问题为导向，建立了一套江西省交通投资集团高速公路智慧管养系统，做到日常养护管理精细化、应急事件快速响应、协同管理一体化，使养护历史数据从纯粹被动积累到发挥能效，科学、高效指导养护工作。

3.2 建设过程

3.2.1 组织管理

在高速公路智慧管养系统建设过程中，建议项目部下设工程技术处、工程合约处和工程信息处，组织架构如图 3-6 所示。

主任：主持项目全面工作。

常务副主任：协助主任对项目实施全面管理；负责项目养护业务需求分析、工程技术、质量进度控制等工作，分管工程技术处。

副主任一：负责项目养护合同管理、后场招标、计量支付、工程变更等工作，分管工程合约处。

副主任二：负责项目计算机软、硬件技术、信息安全等相关技术管理及日常行政管理工作，分管工程信息处。

总工程师：负责内部资源协调，项目系统方案、需求分析、验收标准等技术工作制定。

工程技术处:负责业务需求分析、公路工程技术、软件功能、进度控制等工作。

工程合约处:负责合同管理、工程招标、计量支付、工程变更等工作。

工程信息处:负责计算机软、硬件技术、信息安全、软件功能实现、软件工程质量等相关技术管理及日常行政管理工作。

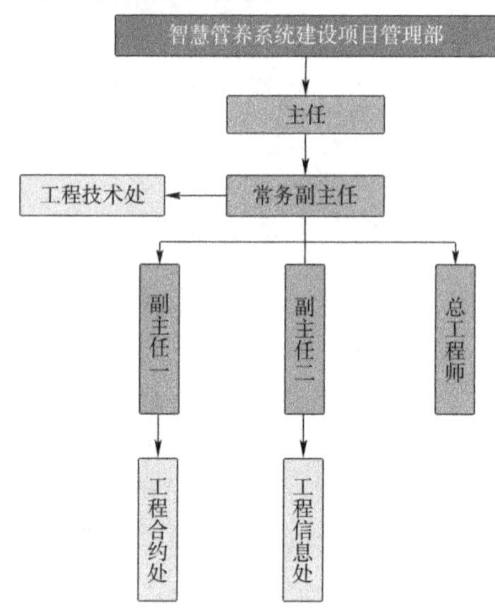

图 3-6　智慧管养系统建设组织架构

3.2.2　建设过程

高速公路智慧管养系统项目建设过程包括可行性研究、初步设计、系统建设招投标、系统需求调研及开发工作、系统试运行、系统正式上线运行、项目交工验收、系统全面推广应用阶段、项目决算审计、竣工验收等阶段,具体建设过程如图 3-7 所示。

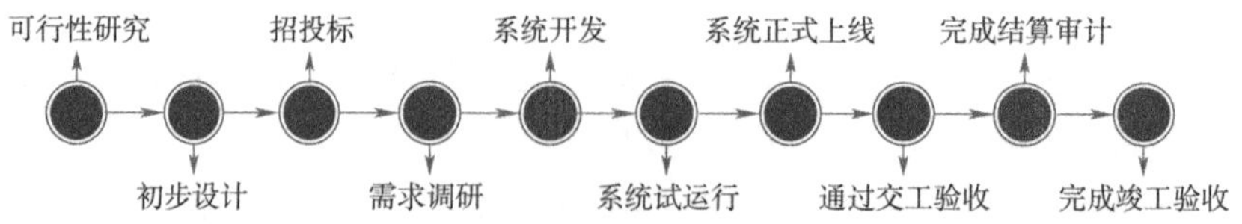

图 3-7　智慧管养系统建设过程

为了保证试运行工作的成效,及时解决试运行过程中存在的问题,项目管理部组织系统参建单位对试运行工作进行了充分的准备,包括系统部署、系统初始化、编制培训材料、开展培训大会等,同时还成立了试运行保障团队,分系统分片区安排相应负责人，建立了包括邮件、电话、QQ、微信等多种沟通渠道，便于用户及时反馈问题，予以解决。

3.3 智慧管养系统建设目标

3.3.1 总体建设目标

智慧管养系统建设是高速公路养护管理模式的创新，通过信息系统建设以及配套装备与技术应用，形成涵盖自动化数据采集、数据处理分析、公路技术状况评定、养护设计、养护计划、日常养护、养护工程、养护辅助决策、可视化集成展示等为一体的综合养护管理平台，全面感知高速公路网的资产运行状态，为养护业务高效运转化、养护决策科学化提供支撑，实现精细管理、精准服务的管理目标。

智慧管养系统总体建设思路："以业务需求为引领，以解决问题为导向，以方便用户为准则"，该系统建设拟分三期进行，各阶段建设内容如图 3-8 所示。

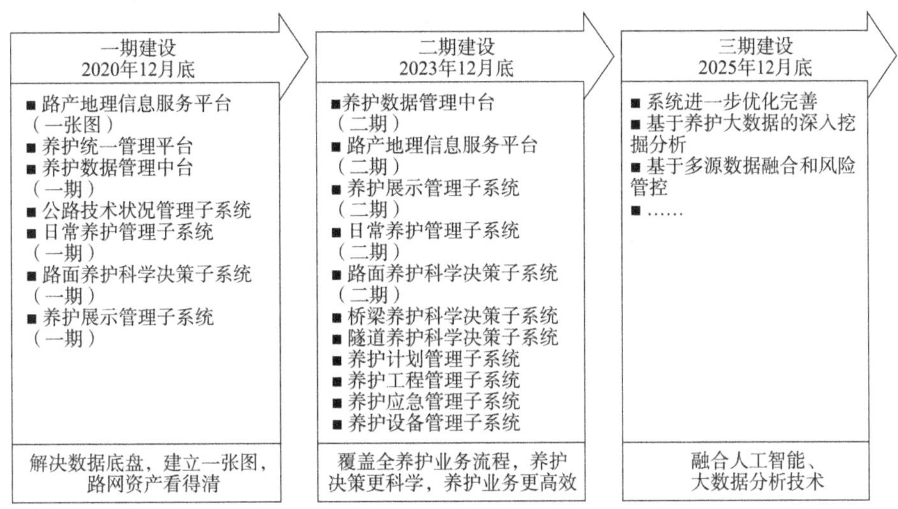

图 3-8　集团智慧管养系统总体建设内容

智慧管养系统一期建设内容包括路产地理信息服务平台、养护统一管理平台等，用于解决数据底盘，通过建立一张图，使路网资产看的清。

智慧管养系统二期建设内容除对一期已建成的系统进行升级迭代外，还拟新建桥梁养护科学决策子系统、隧道养护科学决策子系统、养护计划管理子系统、养护工程管理子系统、养护应急管理子系统和养护设备管理子系统等，通过覆盖高速全养护业务流程，使养护决策更科学，养护业务更高效。

智慧管养系统三期建设内容除了进一步优化完善已建成系统外，还将融合人工智能、大数据分析技术，实现基于养护大数据的深入挖掘分析和基于多元数据融合和风险管控。

3.3.2 一期工程建设的目标

智慧管养系统一期建设以解决养护资产数据、养护业务数据汇总、流通及展示，并实现公路技术状况评定、日常养护、路面养护科学决策和养护展示 4 个急需业务的信息化为目标，完成“高速公路养护资产看得清”战略，为智慧管养系统建设打下坚实的基础，包括 3 个支撑系统、4 个业务系统以及 3 个创新技术试点，如图 3-9 所示。

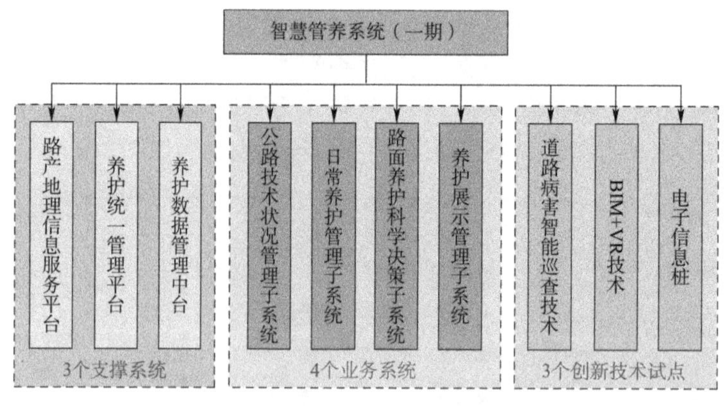

图 3-9 智慧管养系统(一期)建设系统框架

3 个支撑系统分别为路产地理信息服务平台、养护统一管理平台和养护数据管理中台，实现了路产路产概览、路产养护数据、交通量数据底盘建设和一张图构建，为各业务子系统提供数据支撑；4 个业务系统包括公路技术状况管理子系统、日常养护管理子系统、路面养护科学决策子系统和养护展示管理子系统；3 个创新技术试点分别为道路病害智能巡查技术试点、BIM + VR 技术试点和电子信息桩试点。

3.4 智慧管养系统的架构及功能

3.4.1 智慧管养系统平台架构

高速公路智慧管养系统的平台架构包括“7 层、2 体系”，分别为外场检测或监测层、基础设施层、信息资源层、应用服务支撑层、应用层、接入层和用户层,另外还包括信息安全及运维支撑体系、规章制度及标准规范体系,如图3-10所示。

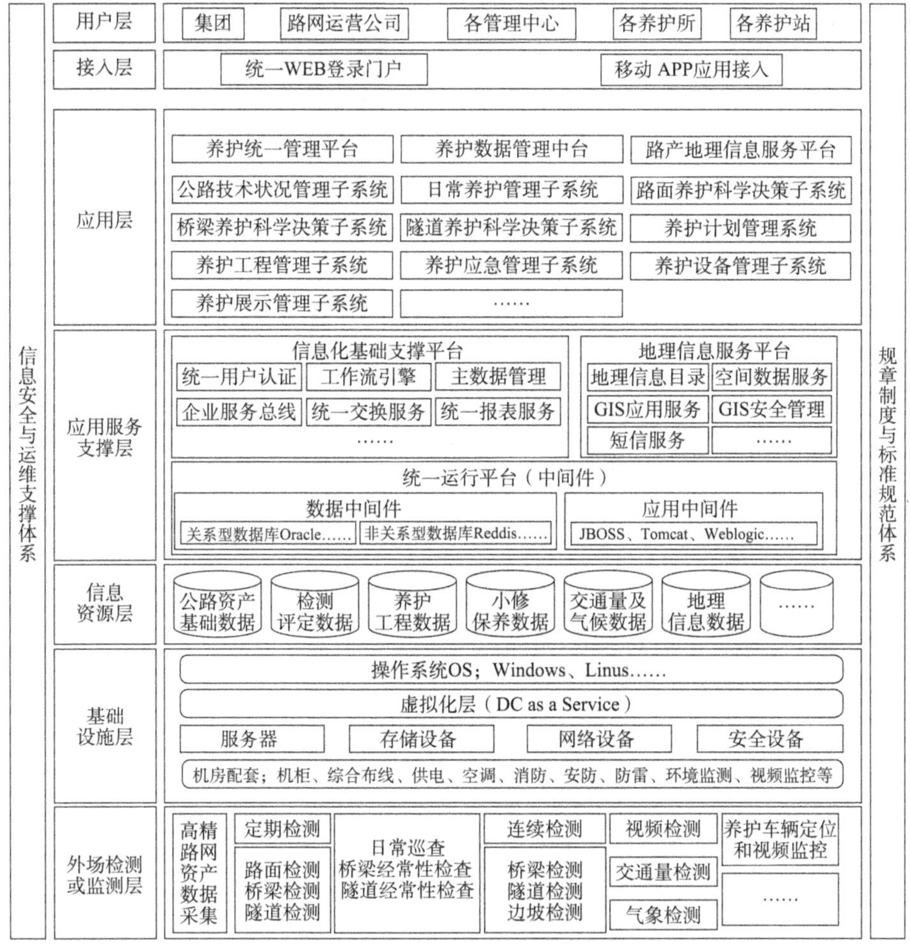

图3-10　智慧管养系统平台架构图

外场检测与监测层主要包括高精路网资产数据采集、路面定期检测、路基定期检查、桥梁定期检测、涵洞定期检测、隧道定期检测、沿线设施定期检测、日常巡查、桥隧经常性巡查、桥梁连续监测、隧道连续监测、边坡连续监测、视频监测、交通量监测、气象监测、养护车辆定位、养护车辆视频监控,为各业务系统提供基础数据支撑。

基础设施层主要为平台提供IT资源支撑,用于维持整体平台系统正常运行,包括服务器、存储设备、安全设备等。

信息资源层数据类型包括公路资产基础数据、检测评定数据、养护工程数据、小修保养数据、交通量数据、气候数据、地理信息数据以及非结构化的数据，形成相应的数据仓库，为上层应用提供数据支持。

应用服务支撑层为上层应用提供服务支撑，包括中间件和各种能力支撑平台，中间件包括数据中间件和应用中间件，各种能力支撑平台包括统一用户认证、工作流引擎、统一报表服务以及地理信息服务平台。

应用层包括13类，分别为路产地理信息服务平台、养护统一管理平台、养护数据管理中台、公路技术状况管理子系统、日常养护管理子系统、路面科学决策子系统、桥梁科学决策子系统、隧道科学决策子系统、养护计划管理子系统、养护工程管理子系统、养护应急管理子系统、养护设备管理子系统、养护展示管理子系统等，业务系统未来可无限拓展，例如可拓展节能减排子系统、养护标准化子系统等，不断地满足各种养护管理的需求。

接入层以统一 web 门户和移动 App 的形式，为各用户角色提供统一信息获取入口。

用户层包含集团、路网运营公司、路段公司、养护所和养护站 5 个层级用户，实现各层级用户协同联动。

信息安全与运维支撑体系为整个信息化系统提供信息安全服务和运维管理服务，保证整个信息化系统安全、可持续运行。

规章制度与标准规范体系贯穿整个信息化系统的设计和建设，为信息化系统的规划、建设、完善提供制度依据和标准规范。

3.4.2 智慧管养系统技术架构

智慧管养系统（一期）技术架构包括科学养护关键理论方法、关键信息化技术应用以及系统平台运行技术支撑三大部分，其中科学养护关键理论方法和关键信息化技术应用，详见第1.2节。系统平台运行技术支撑包括数据分析技术、GIS 地理信息技术、工作流技术和系统集成技术四个部分，如图3-11所示。

（1）数据分析技术

通过在线整理分析养护管理过程中产生的数据，形成日常管养、路网监测、养护决策等主题数据，并以各类图表形式进行分析展示，包括设备感知监测分析、指标评价分析、资金预算分析、养护任务实施分析、工作质量分析等，为各级管理层提供决策分析依据。

（2）GIS 地理信息技术

针对高速公路点多、线长、面广的特点，借助 GIS 地理信息技术对路产和动态

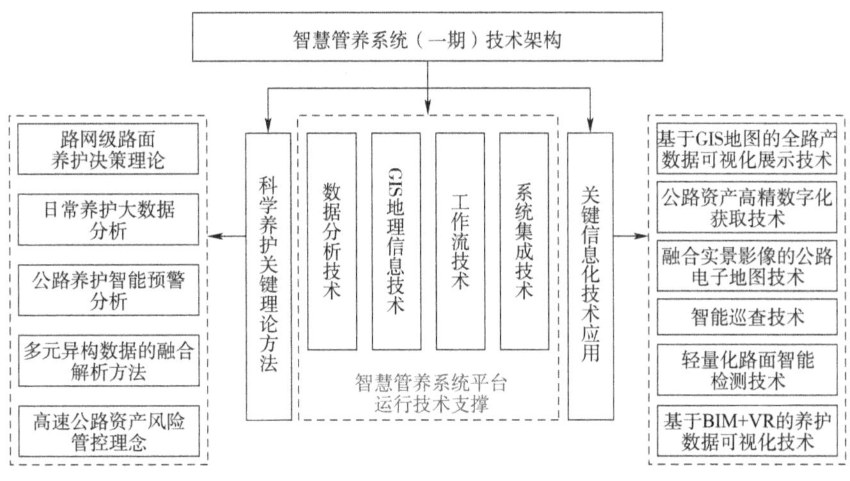

图3-11 智慧管养系统(一期)技术架构

信息进行可视化管理。

(3)工作流技术

为使智慧管养系统各业务各步骤资源得到合理分配和利用,使得流程整体最优化,需设计合理工作流技术,及时发现、监督、控制每种业务的流转情况,从而进行预警和分析。

(4)系统集成技术

智慧管养系统采用面向微服务的集成架构形式进行设计、开发和集成,包括与外场设施(如监控、交通量调查设备、可变信息板等)进行数据集成;与车辆定位数据整合;并且预留接口,满足未来的数据共享需求。

3.4.3 智慧管养系统功能架构

智慧管养系统(一期)建设的应用系统包括养护统一管理平台、养护展示管理子系统、路产地理信息服务平台、养护数据管理中台、日常养护管理子系统、公路技术状况管理子系统和路面养护科学决策子系统,系统功能架构如图3-12所示。

养护统一管理平台为智慧管养系统提供唯一的登录界面,并开发门户系统展示当前登录用户所拥有权限的所有子系统,快捷地进入各子系统。

养护数据管理中台主要实现路产数据基础的查询管理功能,与其他业务子系统实现路产相关数据的动态交换功能。

养护展示管理子系统基于电子地图、多媒体等技术,实现高速公路资产信息、技术状况、交通量、养护分析信息多维度、可视化展示。

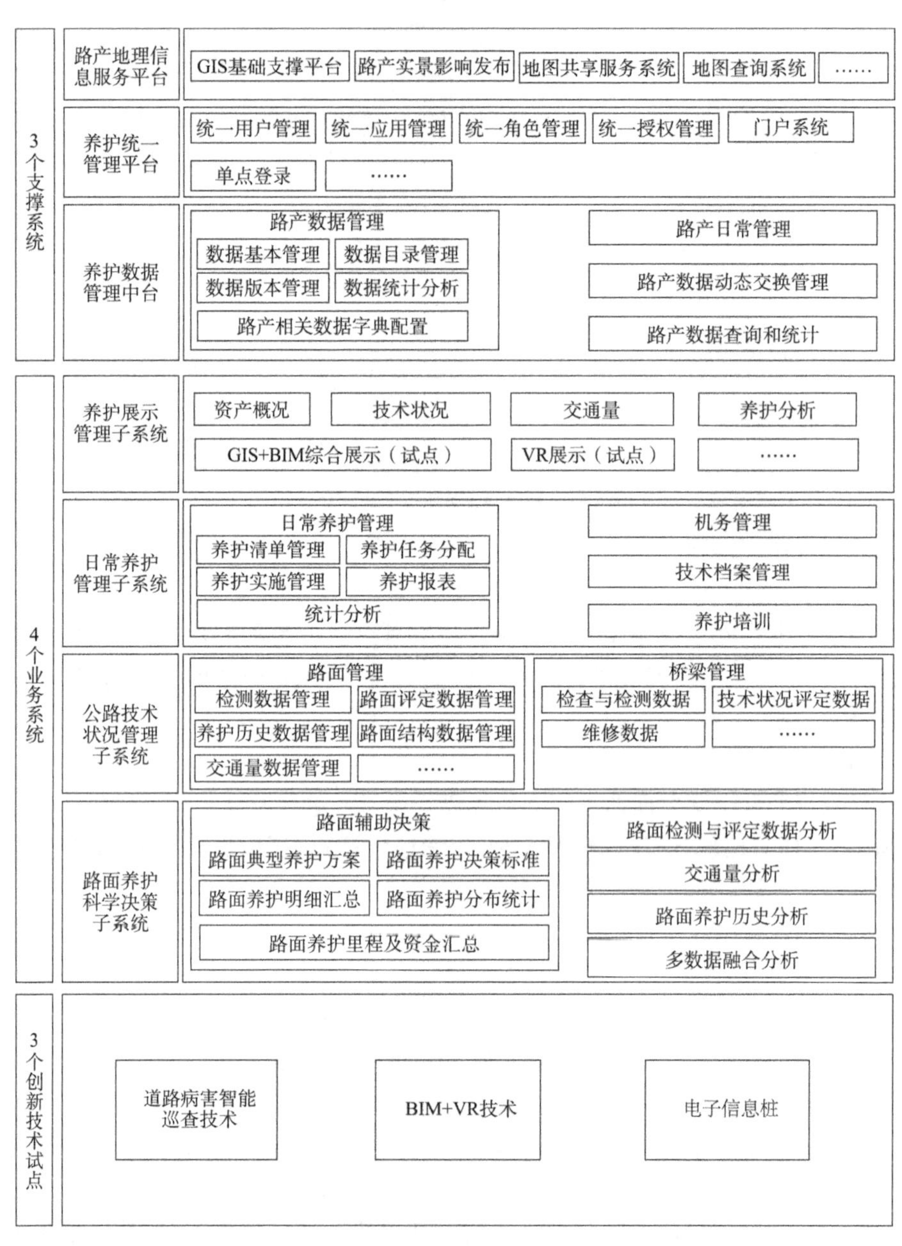

图3-12　智慧管养系统一期功能模块架构

日常养护管理子系统主要包含：日常养护管理、机务管理、技术档案管理、养护培训等模块。

公路技术状况管理子系统主要实现桥梁管理模块和路面管理模块部分功能，路面管理模块包括检测数据管理、路面评定数据管理、养护历史数据管理、路面结构数据管理、交通量数据管理、基础数据管理、系统管理等功能；桥梁管理模块主要实现桥梁检查与检测数据、桥梁技术状况评定数据、维修数据的高效管理。用户可根据自身权限从不同维度查看上述各类数据，实现全面、细粒度的数据管理，同时支持数据批量导入以及导出功能，协助用户更高效、高质的完成技术状况管理工作。

养护科学决策子系统根据每年最新路况检测评定数据和预先设定好的养护标准和养护方案，对检测路段进行路面养护需求分析，提出集团及各级管理单位所辖路网的养护建议计划及资金规模，同时还应具备路面检测评定数据、交通量数据、路面养护历史数据、多数据的基本分析功能。

第4章　支撑系统建设

4.1　路产地理信息服务平台

4.1.1　概述

历经30余年的建设,我国已形成庞大的高速公路网,为实现高速公路精细化、智能化管养,迫切需要对高速公路基础设施的全要素路产进行摸底,建立高速公路地理信息平台,进而形成数字化、标准化、体系化、精细化的全路产管理体系。路产地理信息服务平台是高速公路智慧管养系统重要的基础性支撑系统,主要具备两大功能。

(1)实现高速公路路产采集。系统通过研究轻量化的采集设备+三视角采集方案、多期实景数据融合处理技术、实景与空间数据融合应用技术,形成一整套完善的高速公路路产采集设备和具体方案,应用该技术进行高速公路基础设施路产的全要素空间位置提取,从而建立起实景影像、基础设施路产、空间位置、路线桩号之间的关联关系,实现高速公路基础设施全要素路产的高精数字化获取。

(2)提供融合实景影像的公路电子地图服务。系统通过研究融合实景影像的公路电子地图技术,构建GIS地图共享服务、实景影像展示共享服务、全路网基础数据及路产数据查询共享服务,可为高速公路信息化建设提供了GIS地图支撑、实景影像支撑、数据支撑。

4.1.2　高速公路路产采集

高速公路路产采集目的是全面统计高速公路各类路产的数量、位置等基本信息,从而实现高速公路精细化管养。

早期,高速公路路产采集通过人工记录方式开展,工作人员需沿着路网一一清点路产,并纸质记录,形成相应的资产清单,并通过纸质方式对路产进行后续管理。随着高速公路里程的不断增加,路产采集工作越来越繁重,压力越来越大,传统人工采集和纸质记录的方式效率越来越低。此外,在高速公路路产采集过程中,路产采集工作人员面临的安全风险系数较高。

随着信息化技术的快速发展,高精度定位、人工智能、图像识别等技术被应用到交通领域,相应的路产采集技术逐渐向高效化、精准化、数字化、无人化方向发展。现阶段,颇具代表性的是高速公路路产高精数字化获取技术,其通过一整套完善的高速公路路产采集设备和采集方案,快速获取高速公路路产全要素信息,建立数字化档案,从而实现高速公路基础设施全要素路产的精细化管理。

该技术通过两个阶段快速获取高速公路路产:第一阶段通过车载轻量化路产采集设备开展外业采集工作,获取资产位置、图像等各类数据;第二阶段是内业资料处理,负责对外业获取的各类数据进行处理、分析、存储,形成路产数字化档案。

4.1.2.1　轻量化的路产采集设备

轻量化的路产采集设备是实现快速、低成本获取高速公路路产数据的硬件基础,其根据路产的各类信息要素和具体养护业务场景,主要集成了高清图像采集、GPS、北斗惯性导航、加速度传感器、磁偏角传感器、陀螺仪、无线通信和显示屏等传感器功能模块。在使用时需将采集设备安装在任意车辆的车顶,设备外形及安装方式如图4-1所示。

a) 外形

b) 安装示意图

图4-1　轻量化路产采集设备外形及安装示意图

图4-2是高速公路三维实景数据获取示意图,其主要通过车速快门联动算法进行实现,同时关联拍摄时刻的GPS点坐标位置,并采用等时间采集方法获取整个高速公路GPS轨迹,即由一系列的公路GPS点坐标和该点坐标对应的前方影像构成。为保证高速公路在限速120公里/小时前方影像间隔在10米以下,可计算出间隔时间$\Delta t < 0.3$秒。

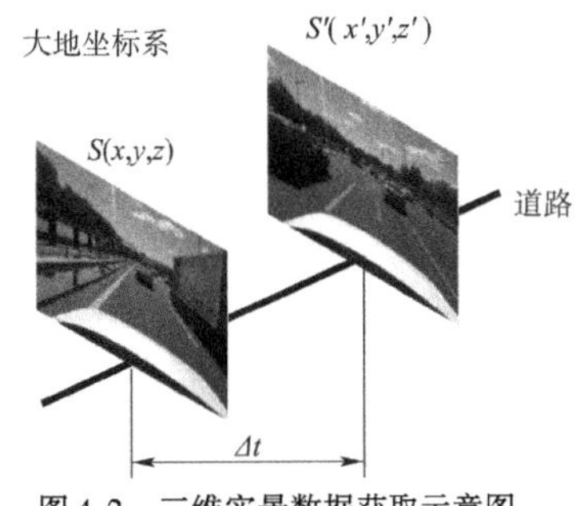

图4-2　三维实景数据获取示意图

在图4-2中,点S的坐标(x, y, z)中x,y为该点的大地坐标系下的经纬度坐标,z为海拔高度

(取国家标准,即1985高程基准)。为方便管理使用,可使用线型参考的方法将经纬度坐标转换为路线桩号,即建立$(x, y) \rightarrow$(roadid, direction, m)的映射关系,roadid为路线编码,direction为行车方向(上行、下行),m为桩号。

4.1.2.2 外业采集方案

轻量化的高速公路路产外业采集方案由实施通则、设备安装、外业采集三部分组成,并对收费站、服务区和立交桥等特殊区域采集方案进行了规定,技术流程如图4-3所示。

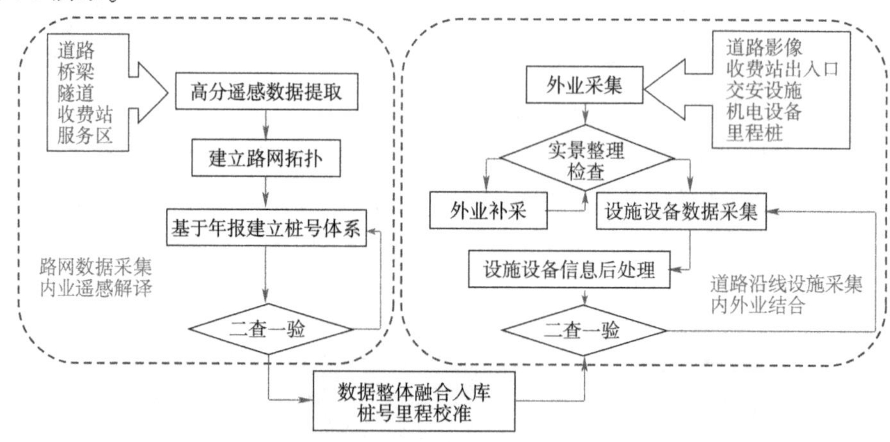

图4-3 外业采集技术流程

(1)实施通则

在外业采集作业出发前,应该安装好设备并对车辆、设备进行环检。采集时,对单条路线,应按主路上下行-匝道(收费站、服务区)-特殊路段分三次扫路采集。

(2)设备安装

采集前,需完成设备安装,其要求按前视、左视、右视三个方向,成品字形布置,并根据采集技术标准设置设备相应参数。在设备整体布设完成后,应环绕车辆检查一遍,设备安装方式和安装效果分别如图4-4和图4-5所示。

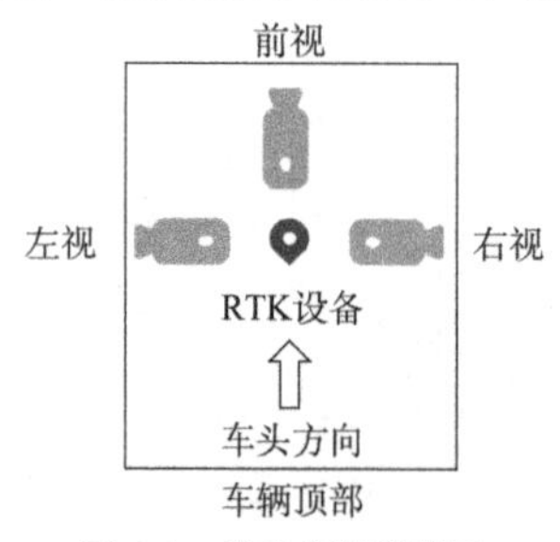

图4-4 设备安装说明图

图4-5 实际布设效果图

(3)上路采集

完成设备安装等准备工作后,即可上路开展外业采集工作,采集内容包括道路影像、收费站出入口、交安设施、机电设备、里程桩等高速公路路产数据,并结合内业高分遥感解译道路、桥梁、隧道、收费站和服务区等路网数据,实现高速公路路产数据整体融合入库。

(4)特殊区域采集方案

①收费站采集方案

当车内可见收费站全貌时,就可以开始采集,如图4-6所示;如果离收费站通道过近,再开始采集,则会丢失收费站全貌,如图4-7所示。

图4-6 正确距离示意图

图4-7 错误距离示意图

②服务区采集方案

如没有特殊要求,原则上不进入服务区采集实景,如需要进入服务区采集,采集起点从服务区入口算,当再次驶入高速公路时选择结束采集。车载设备在服务区内需要通过停车场中心带、加油站中心带再驶离或停车,行驶路线如图4-8所示。

图4-8 服务区采集设备行驶轨迹

③立交桥采集方案

对于一般的收费站出口立交桥,即只有四条或者六条匝道的收费站出入口,从主路出口驶出进入立交时,或驶离收费站广场进入匝道时,开始采集匝道,如图4-9所示。

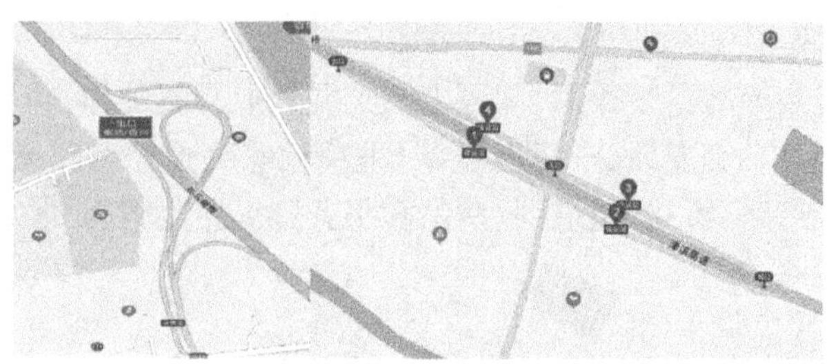

图 4-9 简单类型立交

对于复杂类型立交桥，可以对同一主路出口的多条匝道多次采集，采集时，遵循右侧优先原则，如图 4-10 所示。

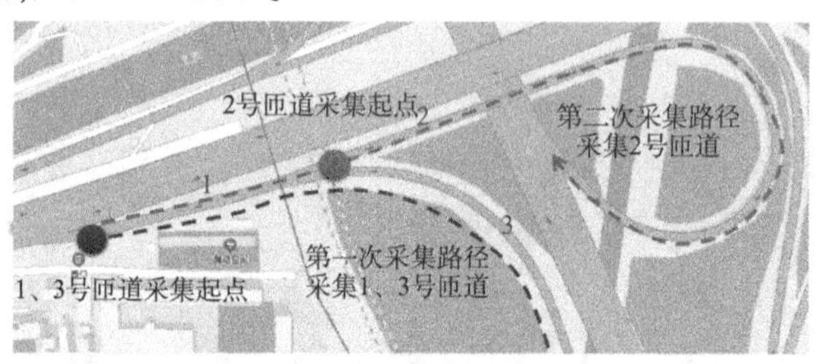

图 4-10 复杂类型立交桥采集

4.1.2.3 内业资料处理

高速公路路产采集后的内业资料处理包括数据提取、信息补偿、里程校核和实景数据与路产数据匹配四个环节，具体构成如图 4-11 所示。

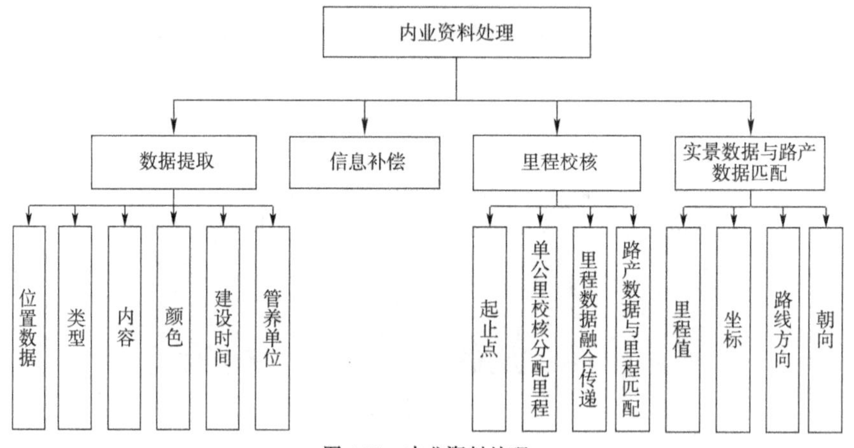

图 4-11 内业资料处理

(1)数据提取

轻量化的路产采集设备获取高速公路路产实景影像后，需进一步将路产数据提取出来，提取的关键要素是路产位置数据，即经纬度，图4-12是数据提取及计算示意图。

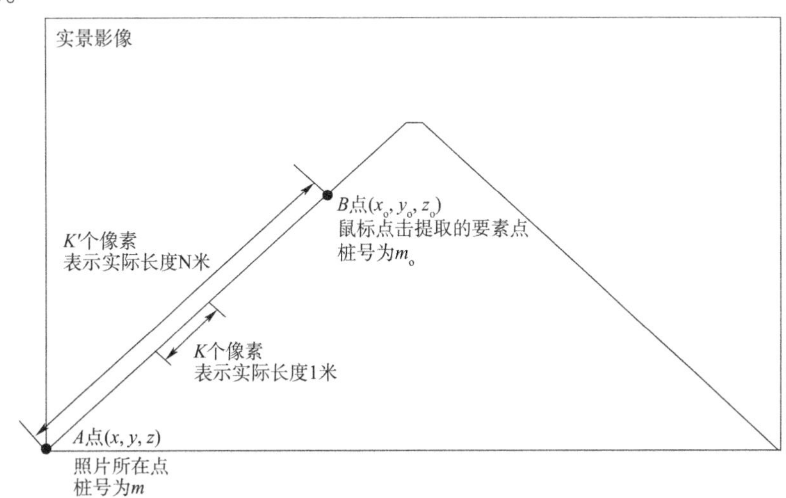

图4-12　数据提取及计算示意图

图4-12中，用K个像素表示实际长度1米，B点距离拍摄实景影像的A点的像素数设为K'，考虑到高速公路的平曲线半径较大，且两张实景影像的距离不超过10米，因此可以认为AB点为直线。因此，B点距离实景影像A点的实际距离可以应用线性插值的方法计算，即$N = K'/K \times 1$（米）。B点的桩号$m_0 = m + N$或$m_0 = m - N$，具体根据上下行进行选择。B点的经纬度x_0, y_0依据前述线型参考的方法从m_0值转换即可，z_0则依据前后两张实景影像的z值和z'值进行线性插值即可获得。

由此，获得了B点的桩号m_0值和大地坐标值(x_0, y_0, z_0)。最后，由内业资料处理人员录入其属性信息，如类型、内容、颜色、建设时间、管养单位等。至此，该路产数据提取完毕。相关人员继续提取下一路产要素，直至全部提取完毕，形成了路产数据提取的闭环。高速公路路产三维实景内业采集提取要素的分类，如表4-1所示。

三维实景内业采集提取要素分类表　　表4-1

编号	类别	图层要素		要素类型
1	公路	高速公路		线
2	主要构筑物	桥梁	主线桥梁	点
			跨线桥梁	点
		隧道		点

续上表

编号	类别	图层要素		要素类型
3	沿线设施	收费站	MTC 入口	点
			MTC 出口	点
			ETC 入口	点
			ETC 出口	点
			绿色通道	点
		服务区		点
		停车区		点
		监控摄像设备		点
		可变情报板		点
		避险车道		点
		交通量自动观测站		点
		防撞桶		点
		防抛网		点
		隔音屏		点
		诱导标志		点
		可变情报板		点
		交通标志		点
		龙门架		点
		其他		点
4	里程桩	公路里程桩号		点

(2)信息补偿

在路产数据采集过程中,为避免路侧构筑物与采集设备之间的视角盲区导致数据遗漏,以及在快速移动过程中,由于 GNSS 的采集频率不足,导致坐标经度降低的状况,利用多台设备按左视、前视、右视的模式布置设备,并精确测定三台设备的间距、俯仰角、偏转角,由一台控制终端同时控制多台设备的开关机、作业起止,从而形成一个移动三角采集网,后期通过坐标融合综合解算,提高 GPS 精度,如图 4-13所示。并且三台设备以三个视角采集信息,有效解决视角盲区的问题,如图 4-14 所示。

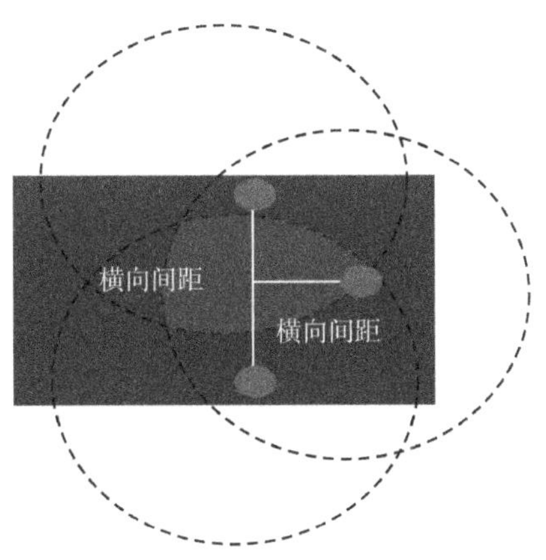

图 4-13　信息补偿方式

图 4-14　三视角方案示意图

(3)里程校核

高速公路在建设过程中,受地形因素、建设周期因素、上下行平曲线曲率不同等因素影响,里程桩和实际道路路线的地面长度并不一致。因此,需根据道路的起止里程、公里桩牌建立一维的里程坐标体系,并将其与空间坐标体系建立联系,从而实现道路里程精准匹配沿线路产。里程校核包括起止点确定、单公里校核分配里程、里程数据融合传递和路产数据与里程匹配。

(4)实景数据与路产数据匹配

依据路产数据的里程值、坐标、路线方向、朝向与实景数据进行匹配,建立路产-实景对应关系模型,为智慧管养系统中精准定位路产位置提供基础。

4.1.3 融合实景影像的电子地图的构建

当前,基于传统二维地图的 GIS 空间分析,尽管其实现了公路路产数据的平面显示,但是分析和统计结果是宏观的、浓缩的、概略的,无法全面表示立面目标之间准确的相对关系,诸如桥梁上的标志或广告牌与桥梁之间的相对空间关系,跨线电缆与路牌之间的相对空间关系等等。一旦我们要对细部环境信息和数据进行查询、观察和分析,则无法得到足够的数据支持。

而实景化的 GIS 技术恰好可以为管理部门在养护、应急和出行服务等方面提供详细环境信息和数据。其以轻量化路产设备采集的实景数据为基础,通过与现有电子地图的数据进行整合,实现高速公路 GIS 实景地图服务和展示应用,为高速公路路产管理、养护管理、建设管理、应急管理等各业务应用提供丰富、直观、快捷的交互式实景地图支撑,图 4-15 是其功能架构。

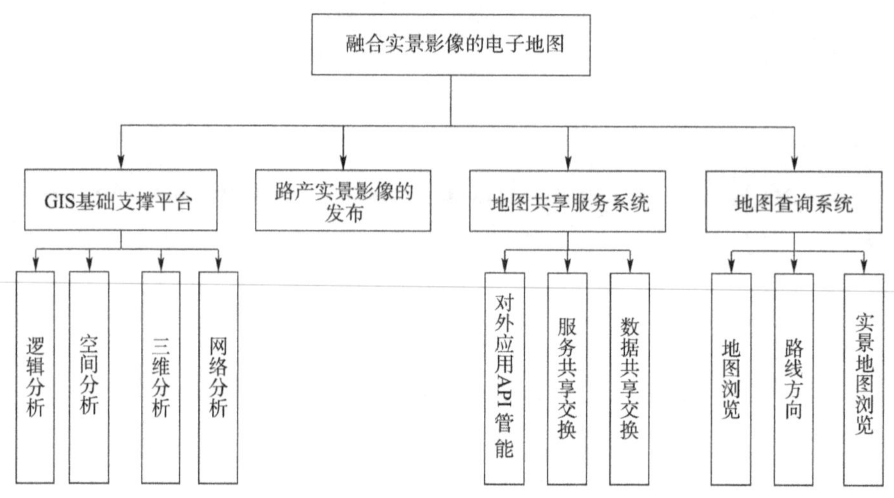

图 4-15 融合实景影像的电子地图功能架构

4.1.3.1 GIS 基础支撑平台

本智慧管养系统采用 ArcGIS 地理信息基础支撑平台,构建融合实景影像的电子地图,其以 Web 为中心的全功能制图和分析平台,能够将数据、分析功能等地理资源发布为服务,并在门户组件中集中组织与管理,然后在组织内外进行分享,同时提供丰富的即拿即用的 Apps 及配置型 Apps，可随时、随地、在各种终端（桌面、Web、移动设备）上获取地图、地理信息及分析能力。支持空间分析、三维分析、网络分析、逻辑示意图分析等高级分析能力。

4.1.3.2 路产实景影像的发布

通过对实景电子地图进行数据附加、匹配、复核，支撑高速公路路产管理的可视化，为其他业务应用系统提供实景地图服务，丰富电子地图图层。其主要是以 GIS 图形化的窗口管理系统涉及的各类数据资源，实现影像的数据组织，达到对可影像更好的使用目的。

4.1.3.3 地图共享服务系统

实现高速公路路产数据的对外应用 API 管理功能，对外应用主要包括路产数据共享服务接口、可视化服务接口、路网分析服务接口、坐标、桩号转换服务接口、地图标点、路段高亮显示、API 接口查询与展示等功能。根据信息汇聚融合的方式，提供服务共享交换和数据共享交换两种途径。在共享交换模块下，服务共享交换直接将该服务元数据信息接入；数据共享交换以网盘的形式，在线上传，录入元数据信息。

4.1.3.4 地图查询系统

地图查询系统包括基础查询应用和实景地图浏览。其中基础查询应用实现了高速公路交通基础地图以及专题地图的放大、缩小、漫游、按比例尺缩放、显示全图、前一/后一视图等基础功能；并提供对各行政区域的快速导航和鸟瞰图，达到对路线、路段及高速公路沿线设施快速定位的目的。实景地图浏览则提供了各类路产实景图像的查询与分析功能，包括地图可视化服务、地图操作服务、空间查询服务、地图标注服务、地图量测服务、图层管理服务、资源目录服务、空间分析服务、资源统计服务、桩号坐标转换定位服务等。

4.1.4 应用案例分析

4.1.4.1 支撑日常养护管理系统的地图应用分析

在进行日常养护巡查作业时，需要直观定位巡查位置，融合实景影像的电子地图则可提供基础地图服务，其作为技术支撑，在巡查 APP 端搭载电子地图，有利于一线巡查人员实时定位自己当前位置，并规划下一步的巡查路线，应用示例图如图 4-16 所示。

在智慧管养系统日常养护管理子系统 PC 端，电子地图为养护巡查轨迹、施工记录、病害记录等数据的可视化展示提供了技术支撑和实现基础，应用示例如图 4-17 所示。

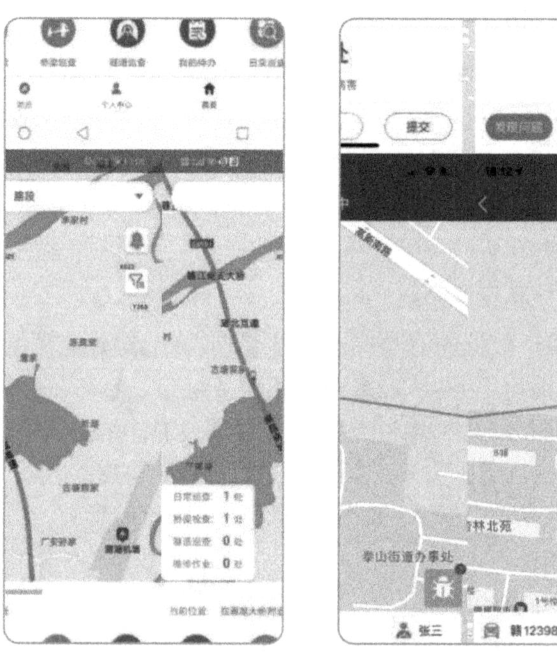

图 4-16　电子地图在日常养护管理系统 APP 的应用

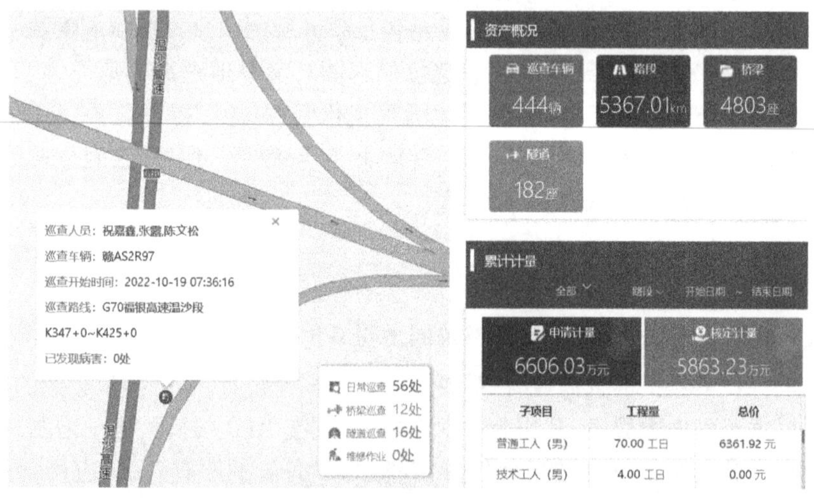

图 4-17　电子地图在日常养护管理系统 PC 端的应用

4.1.4.2 支撑路面辅助决策系统的地图应用分析

作为技术支撑，电子地图在路面辅助决策子系统中也得到大范围的应用，其以不同颜色路线地图实现了路面技术状况、决策结果、养护历史、交通量等数据的可视化直观展示，应用示例如图4-18和图4-19所示。

图4-18 电子地图在路面辅助决策系统中的决策结果展示

图4-18中，以5种颜色的电子地图分别代表路况的优、良、中、次、差5个等级；并用5种颜色区分了铣刨重铺、超薄罩面、日常保养等养护方案，直观展示了决策结果。

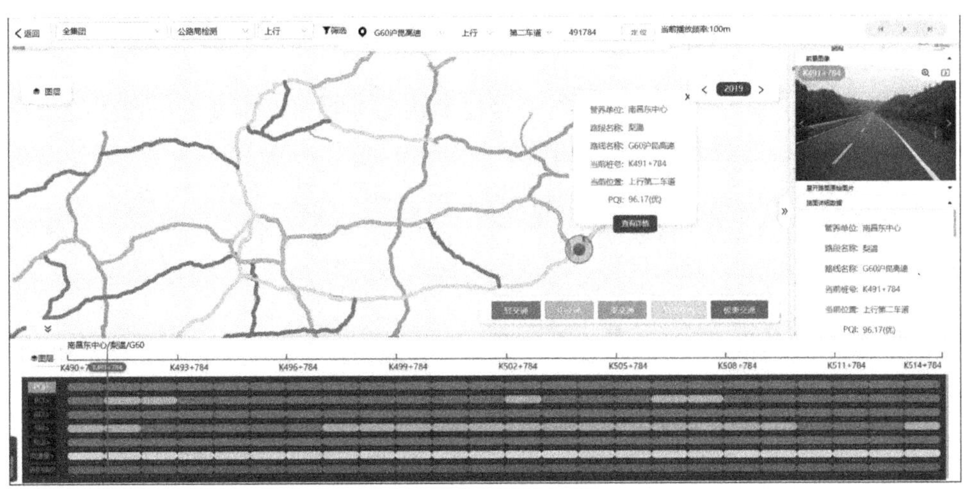

图4-19 电子地图在路面辅助决策系统中的交通量等级展示

图4-19中，以5种颜色的电子地图分别代表轻交通、中交通、重交通、特重交

通和极重交通 5 个交通量等级，直观展示了路网各高速公路的交通量承载状况，为路面养护决策提供技术支撑。

4.2 养护数据管理中台

4.2.1 养护数据需求分析

智慧管养系统建立了一个基于网络的、覆盖全集团各级管理部门，并符合高速公路养护业务管理和智能化分析的路网资产数据中台，实现了高速公路养护数据的统一管理、分工维护，对各类养护业务信息资源进行整合建设。

为使各类信息资源系统化、有序化，便于共享、检索和扩展，对各养护业务系统所需数据资源进行归类、合并、融合，确定了养护数据需求，具体包括以下 8 点：

(1)各应用系统数据库独立，负责支撑各自业务的正常开展。

(2)制定数据交换机制，实现“业务协同”，各业务系统之间数据有序、及时共享交互。

(3)每类数据仅一个源头，确保所有应用系统“一数一源”。

(4)与集团相关系统、省厅相关系统以及联网中心系统、ETC 系统之间进行数据交互。

(5)建立“路网资产数据中台”，其汇集了路网资产从建成到运营全寿命周期数据。

(6)保存路网资产在日常养护、公路技术状况等业务工作过程中产生的动态数据，并及时推送给路网资产数据中台。

(7)路产信息可视化服务平台应考虑与省厅地理信息平台数据共享交互。

(8)智慧管养系统组织机构及用户数据由养护统一平台数据库作为唯一源头。

4.2.2 数据架构及数据流转

通过对智慧管养系统(一期)数据中台进行梳理，确定其包括 12 类数据，分别是路产地理信息数据、路产基础属性数据、路产检测评定数据、路产养护历史数据、路产日常小修数据、路产辅助决策数据、交通量数据、气象数据、路产高分辨影像高程数据、路产管养范围数据、组织机构数据、用户数据，其数据架构如图 4-20 所示。

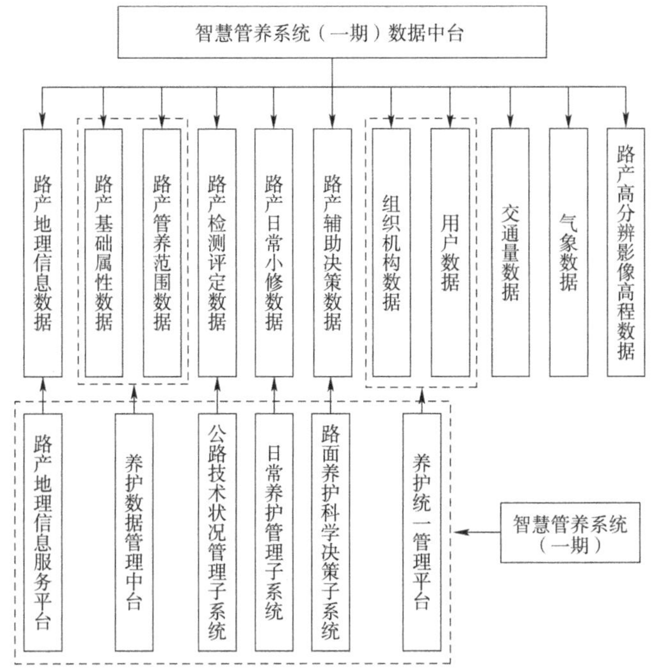

图4-20 智慧管养系统(一期)数据架构

根据以上养护数据分类及架构,确定智慧管养系统(一期)的数据流流向如图4-21所示。其中,日常养护管理子系统数据库、公路技术状况管理子系统数据库、路面养护科学决策子系统数据库、养护展示管理子系统数据库和路产地理信息服务平台数据库分别与养护数据管理中台路产数据库建立了即时推送接口和路网资产对外接口。并且养护统一管理平台数据库定时调用其他子系统组织机构和用户接口数据,维持养护数据统一管理、分工维护、业务协调、一数一源。

4.2.3 数据分类及获取方法

根据智慧管养系统(一期)数据中台架构,总共确定了11类数据,各类数据的获取方式如下:

(1)路产地理信息数据通过路产采集设备采集、处理,并入库,对应路产可视化服务平台。

(2)路产基础属性数据和路产管养范围数据由各路段单位收集、核实、整理入库,对应养护数据管理中心。

(3)路产检测评定数据通过收集全路网路面、桥梁、隧道近10年检测和评定数据,并整理入库,对应公路技术状况管理子系统。

(4)路产日常小修数据由业务系统直接生成相关数据,对应日常养护管理子系统。

(5)路产辅助决策数据由业务系统直接生成相关数据,对应路面辅助决策分析子系统。

(6)单位数据和用户数据从集团统一认证授权系统同步的基础上进行核查修改和添加,对应养护统一管理平台。

(7)交通量数据从联网中心收集数据,并整理入库。

(8)气候数据与气象局对接生成动态气象数据。

(9)路产高分辨影像高程数据直接调用省厅的地理信息服务平台的API接口。

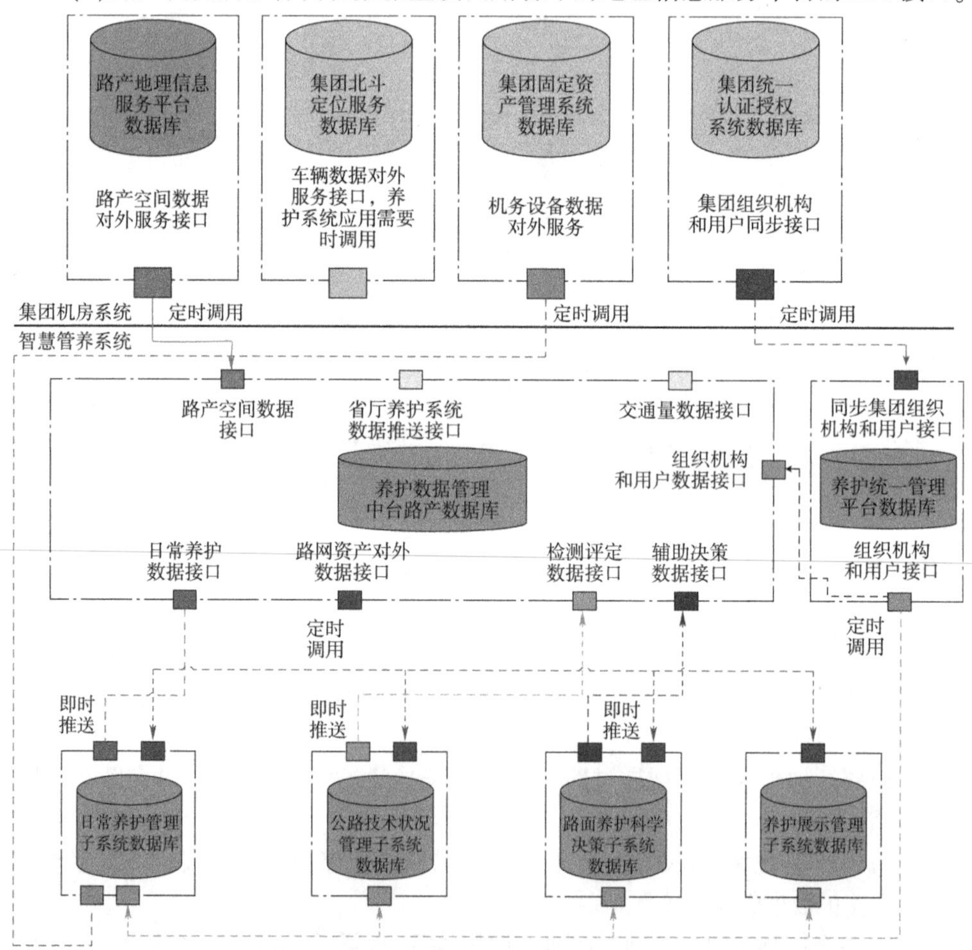

图4-21　数据流流向图

4.2.4 数据清单

前面已介绍智慧管养系统(一期)养护数据管理中台数据库包括11类,这里进一步梳理了各类数据清单,如表4-2所示。

智慧管养系统(一期)数据清单　　表4-2

序号	数据类型	数据清单
1	路产地理信息数据	路线/路线桩号/评定单元/桥梁/隧道/涵洞/互通枢纽/服务区/收费站 /养护所站/基础地图图层数据
2	路产基础数据	路线、路基、路面、桥梁、隧道、涵洞、互通枢纽、服务区、收费站信息
3	路产检测评定数据	集团原始检测数据
		集团路面评定数据
		报部路面评定数据
		桥梁定期检测数据
		桥梁技术状况评定数据
		桥梁专项检测和评定数据
4	路产日常小修数据	养护路段、病害发现时间、资产类型、病害位置、病害类型、病害大小、病害维修时间、维修状况、维修方案、维修工程量
5	路产辅助决策数据	路面性能预测数据
		路面养护辅助决策数据
6	交通量数据	断面交通量、轴载谱数据
7	气候数据	气温信息、降水量信息、日照强度信息、湿度信息、风速信息等
8	路产高分辨影像高程数据	调用省厅的地理信息服务平台的API接口
9	路产管养范围数据	路线编码、起点桩号、终点桩号
10	组织机构数据	组织机构编码、名称、上级组织机构编码、地址等
11	用户数据	用户名、姓名、手机、联系方式等信息

4.2.5 数据中台的建设

图4-22是智慧管养系统(一期)养护数据管理中台建设框架,主要包括路产数据管理、路产日常管理、路产数据动态交换管理和路产数据查询和统计4个数据中心建设大项和13个数据建设小项。

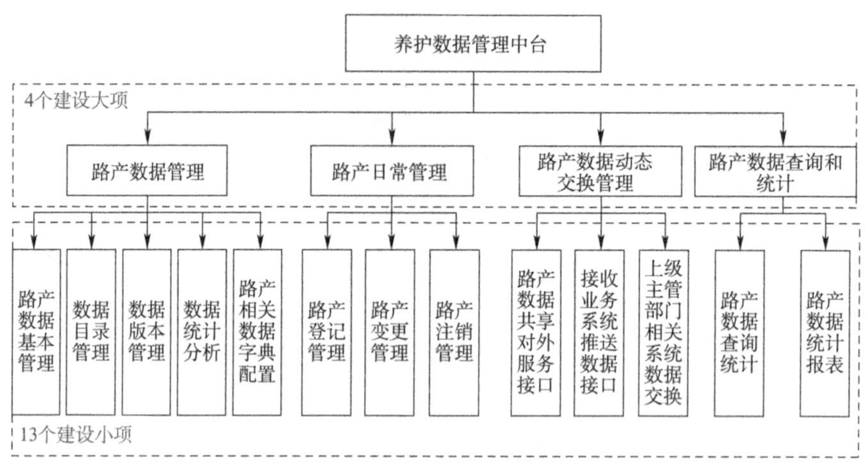

图4-22　养护数据管理中台建设框架

4.2.5.1　路产数据管理

路产数据管理内容包括路产数据基本管理、数据目录管理、数据版本管理、数据统计分析和资产相关数据字典配置5个数据建设小项，表4-3列出了各建设小项管理的数据详情。

路产数据管理详情　　表4-3

序号	数据建设小项	管理详情
1	路产数据基本管理	路产基础数据的管理
		路产检测评定数据管理
		路产养护工程数据管理
		路产小修保养数据管理
		路产养护计划数据管理
		路产辅助决策数据管理
		交通量数据管理
		气候数据管理
		路产管养范围数据管理
2	数据目录管理	创建目录、目录浏览、配置目录、导入与导出目录
3	数据版本管理	定期对年度路产库进行管理
		提供不同的版本备份
		数据恢复或历史数据的快速查询、数据备份和分发管理

续上表

序号	数据建设小项	管 理 详 情
4	数据统计分析	数据量统计分析
		数据质量统计
		数据更新统计等统计分析
		生成数据报表格和统计图
5	资产相关数据字典配置	资产类型管理
		构件类型管理
		病害指标管理
		管养范围配置

4.2.5.2　路产日常管理

为了确定准确的资产对象和基础属性,需以现有公路路网数据管理平台上相关属性数据作为智慧管养系统路网资产的初始化数据,在此基础上进一步完善路网资产数据,包括属性数据的补充和修正。路网运营公司作为集团智慧管养系统监管的主体,统筹全集团路网资产的管理工作;各路段单位作为路段管理主体,负责所辖路段的资产数据的完善工作。各路段单位可以通过纸质、电子档案、现有的养护管理系统、轻量化路产采集设备以及现场核查的方式完成数据的完善工作,具体路网路产日常管理的业务流程如图4-23所示,日常管理系统界面如图4-24所示。

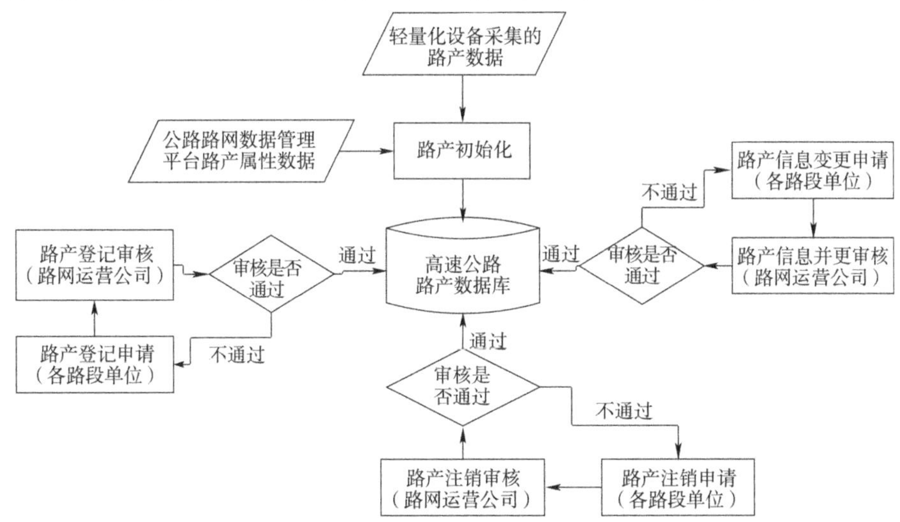

图4-23　高速公路路产日常管理流程图

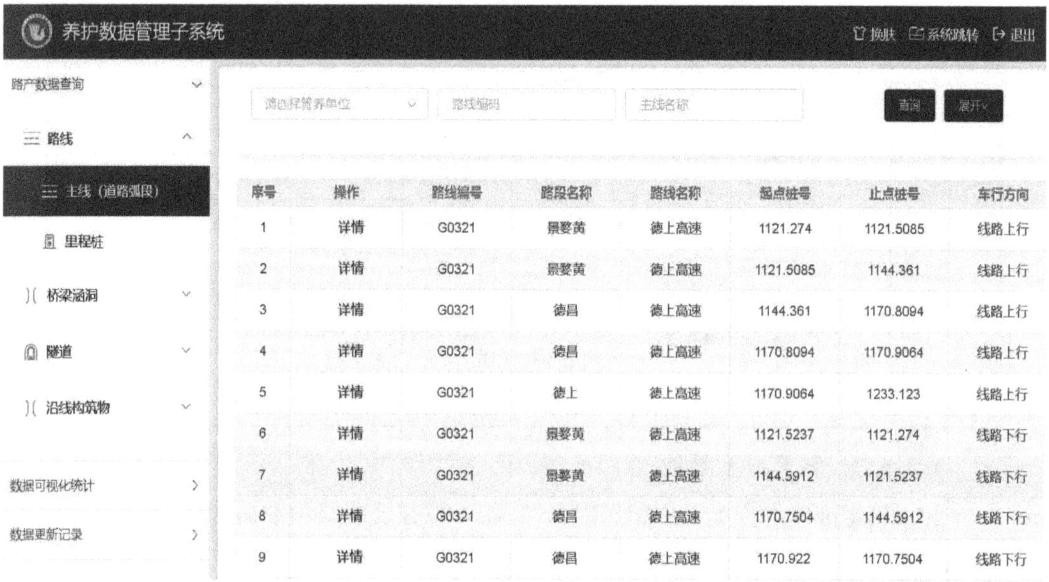
养护数据管理子系统
换肤
系统跳转
退出
路产数据查询
路线
主线（道路弧段）
里程桩
桥梁涵洞
隧道
沿线构筑物
数据可视化统计
数据更新记录
请选择管养单位
路线编码
主线名称
查询
展开
序号 操作 路线编号 路段名称 路线名称 起点桩号 止点桩号 车行方向
1 详情 G0321 景婺黄 德上高速 1121.274 1121.5085 线路上行
2 详情 G0321 景婺黄 德上高速 1121.5085 1144.361 线路上行
3 详情 G0321 德昌 德上高速 1144.361 1170.8094 线路上行
4 详情 G0321 德昌 德上高速 1170.8094 1170.9064 线路上行
5 详情 G0321 德上 德上高速 1170.9064 1233.123 线路上行
6 详情 G0321 景婺黄 德上高速 1121.5237 1121.274 线路下行
7 详情 G0321 景婺黄 德上高速 1144.5912 1121.5237 线路下行
8 详情 G0321 德昌 德上高速 1170.7504 1144.5912 线路下行
9 详情 G0321 德昌 德上高速 1170.922 1170.7504 线路下行

图 4-24　路产日常管理界面

(1)路产登记管理

系统建设完成,并进行资产初始化,正常运营后,对于新建高速公路资产,应由路段单位提出资产登记申请,由路网运营公司审核后,方可将新的资产进入系统,统一管理。

(2)路产变更管理

路网资产属性数据或权属关系发生变更,由路段单位统一提交变更申请,由路网运营公司相关管理人员审核。

(3)路产注销管理

对因高速公路资产设施发生权属转移、损坏不可恢复、高速公路报废及其他需要注销的情形进行统一的路网资产注销管理。路网资产注销需要经过路网运营公司相关管理人员审核。

4.2.5.3　路产动态交换管理

通过定制数据服务接口,实现养护数据管理中心对其他养护业务系统的关键数据共享、交互、提取;并实现与各类业务系统数据的更新、交互、校验,系统界面如图 4-25 所示。

(1)路产数据共享对外服务

为其他业务系统提供实时、动态、完整、种类丰富的路产数据，包括路产的静态数据和动态数据，为各业务系统提供基础数据支撑，同时为路面辅助决策分析子系统和路产可视化服务平台提供多元化数据的支持。

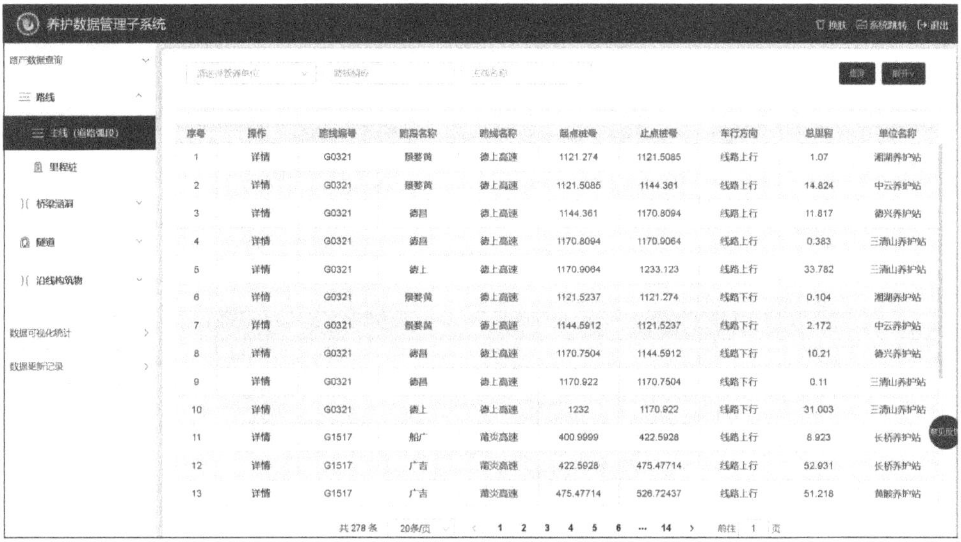

序号	操作	路线编号	路段名称	路线名称	起点桩号	止点桩号	车行方向	总里程	单位名称
1	详情	G0321	景婺黄	德上高速	1121.274	1121.5085	线路上行	1.07	湘湖养护站
2	详情	G0321	景婺黄	德上高速	1121.5085	1144.361	线路上行	14.824	中云养护站
3	详情	G0321	德昌	德上高速	1144.361	1170.8094	线路上行	11.817	德兴养护站
4	详情	G0321	德昌	德上高速	1170.8094	1170.9064	线路上行	0.383	三清山养护站
5	详情	G0321	德上	德上高速	1170.9064	1233.123	线路上行	33.782	三清山养护站
6	详情	G0321	景婺黄	德上高速	1121.5237	1121.274	线路下行	0.104	湘湖养护站
7	详情	G0321	景婺黄	德上高速	1144.5912	1121.5237	线路下行	2.172	中云养护站
8	详情	G0321	德昌	德上高速	1170.7504	1144.5912	线路下行	10.21	德兴养护站
9	详情	G0321	德昌	德上高速	1170.922	1170.7504	线路下行	0.11	三清山养护站
10	详情	G0321	德上	德上高速	1232	1170.922	线路下行	31.003	三清山养护站
11	详情	G1517	船广	莆炎高速	400.9999	422.5928	线路上行	8.923	长桥养护站
12	详情	G1517	广吉	莆炎高速	422.5928	475.47714	线路上行	52.931	长桥养护站
13	详情	G1517	广吉	莆炎高速	475.47714	526.72437	线路上行	51.218	黄陂养护站

图4-25　路产动态交换管理界面

(2)接收各业务系统推送数据

提供与各业务系统数据交换标准，实现与各业务系统数据对接，能够及时接收各业务系统推送的数据，具有良好的可扩展性，可快速满足未来新增业务应用系统个性化需要。

(3)与上级相关管理部门的数据交互服务

数据交换服务主要通过统一服务接口实现，包括数据提取、数据转换、数据发送、数据校验、数据审核、数据同步等功能，实现与各养护专项数据库的获取、更新、交互、校验。

4.2.5.4　路产数据的查询和统计

实现了对高速公路路产对象包含路线、桥梁涵洞、隧道、沿线构造物(收费站、服务区)等基础数据、检测评定数据、养护历史数据、交通量等所有数据的汇总统计、分析、分类条件查询、图形化处理、历史数据查询等功能；并提供查询结果的报表打印、图表导出、Excel导出等功能，将各类数据转化为用户所需要的信息，方便用户快速查阅到需要的数据，智慧管养系统中的系统界面如图4-26所示。

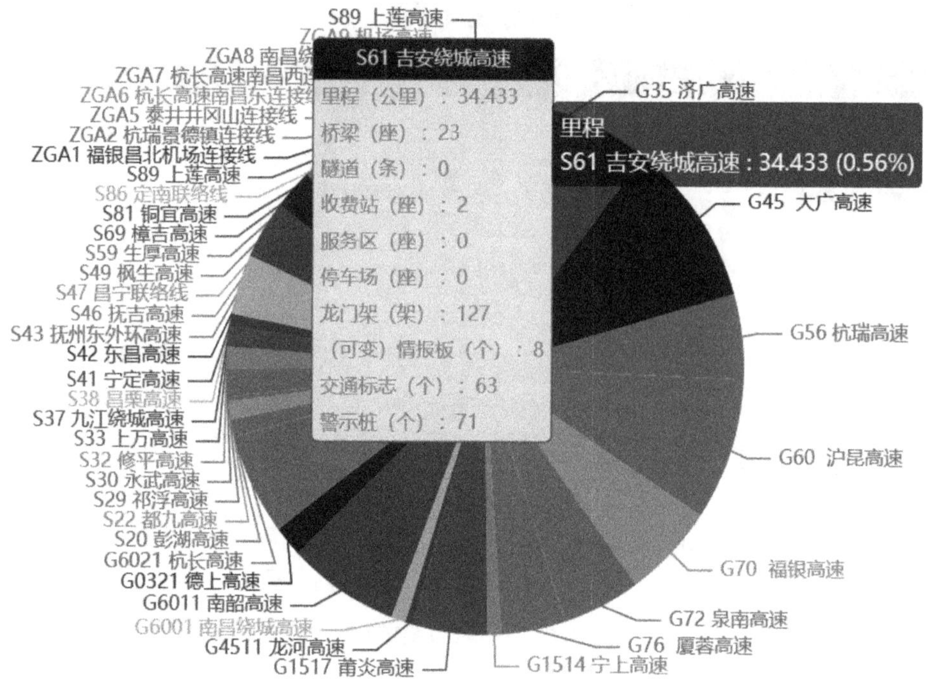

图 4-26　智慧管养系统路产数据查询界面

4.3 养护统一管理平台

4.3.1 概述

养护统一管理平台，包括用户中心服务系统（UCS）、用户中心管理系统（UMS）和门户系统（Portal）三大功能模块，如图 4-27 所示。

（1）用户中心服务系统（UCS）用于提供平台登录界面；单点登录、单点退出服务；第三方应用接入相关接口；用户、组织机构、权限相关接口；以及提醒消息服务的集成，允许业务子系统存储提醒消息，以及同步业务子系统自有消息模块中的消息。

（2）用户中心管理系统（UMS）包括统一用户管理、统一角色管理、统一应用管理和统一授权管理。

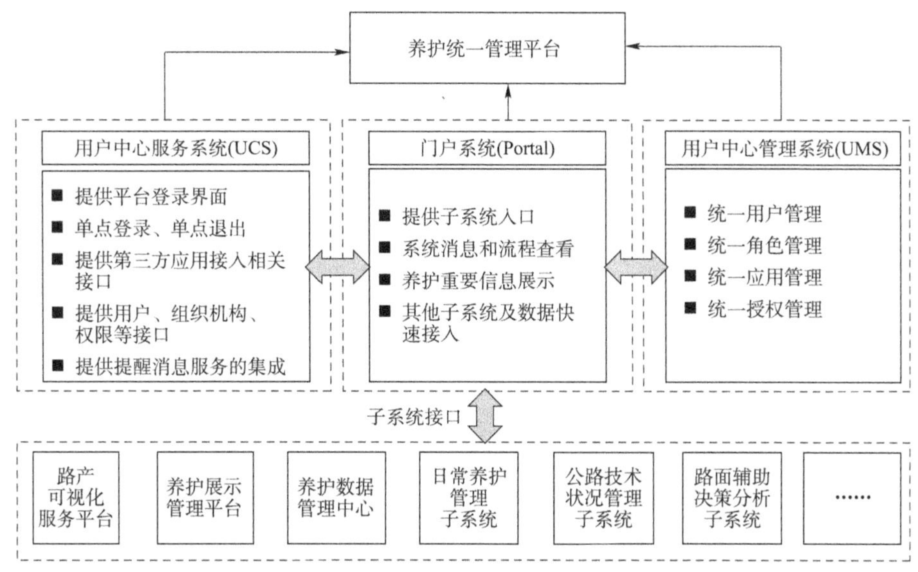

图4-27 养护统一管理平台系统结构

(3)门户系统(Portal)则是智慧管养系统养护统一平台首页,按角色权限提供平台整合的所有子系统的入口、用户待处理流程消息入口、通知信息、养护资讯、相关下载、养护重要信息展示以及其他子系统及数据快速接入等。

4.3.2 用户中心服务系统(UCS)

(1)单点登录机制

养护统一管理平台单点登录基于标准CAS认证流程,并优化超时验证流程,增加用户权限信息,在安全性、系统账号传递机制、登录界面等三方面进行了规定,图4-28是单点登录的用户认证流程图。

在系统安全性方面,用户中心服务系统(UCS)使用HTTPS方式提供服务;并且业务系统与认证服务器之间接口调用采用参数密钥校验。

在系统账号传递机制方面,应用系统根据统一身份认证平台验证结果确认用户身份,并分配用户权限。此外,通过判断业务系统是否已登录,分别采取控制浏览器跳转到统一登录页面或发送保持用户登录状态,向认证服务器用户状态保持接口发送消息两种措施。

用户中心服务系统(UCS)提供全平台唯一的登录界面,不允许同一浏览器在未退出时登录另一个账户,登录界面如图4-29所示。

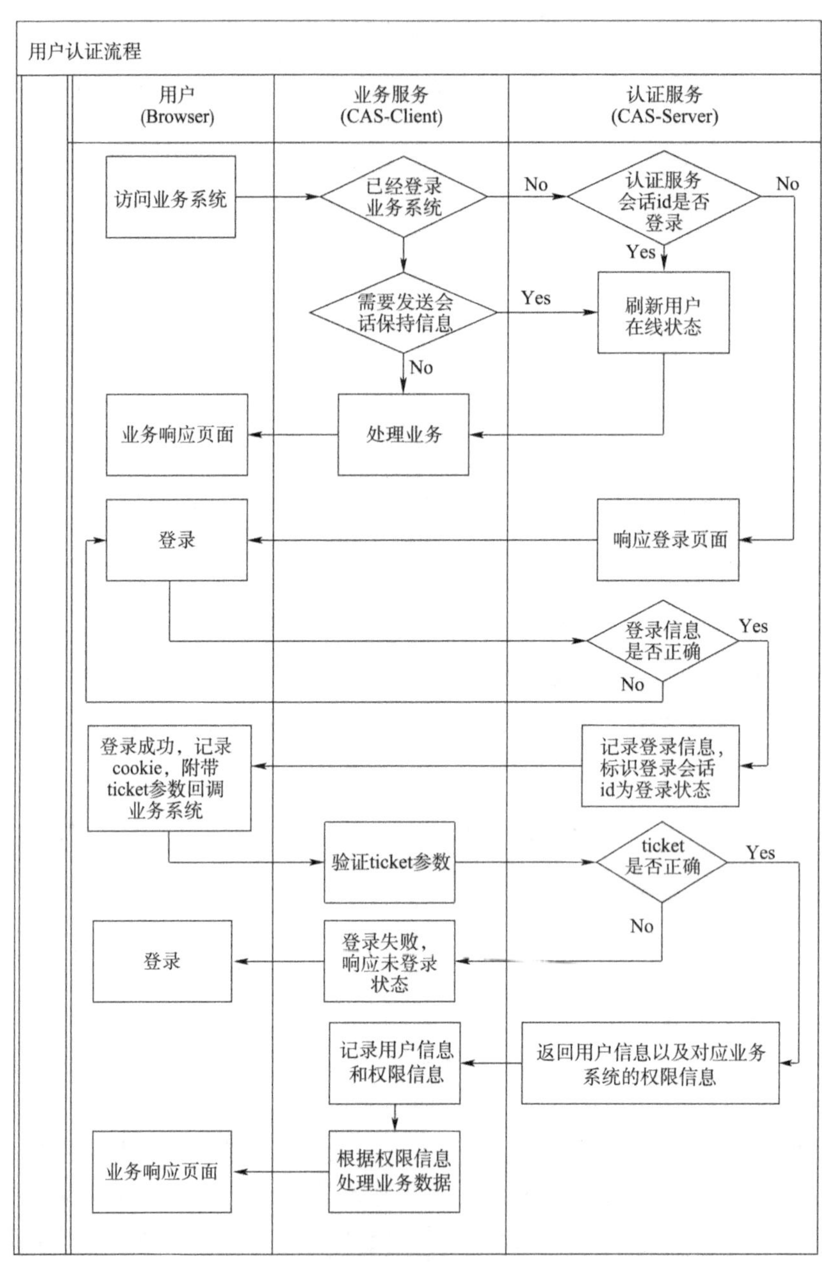

图 4-28 用户认证流程图

(2)单点退出机制

与单点登录相对应,单点退出功能可以解决“单点登录”功能在方便用户的同时留下的安全隐患，用户在平台中主动下线或超时下线时，统一身份认证平台会向业务系统发起用户下线通知，告知业务系统，某用户已经下线，具体流程如图4-30所示。

图4-29　用户登录界面

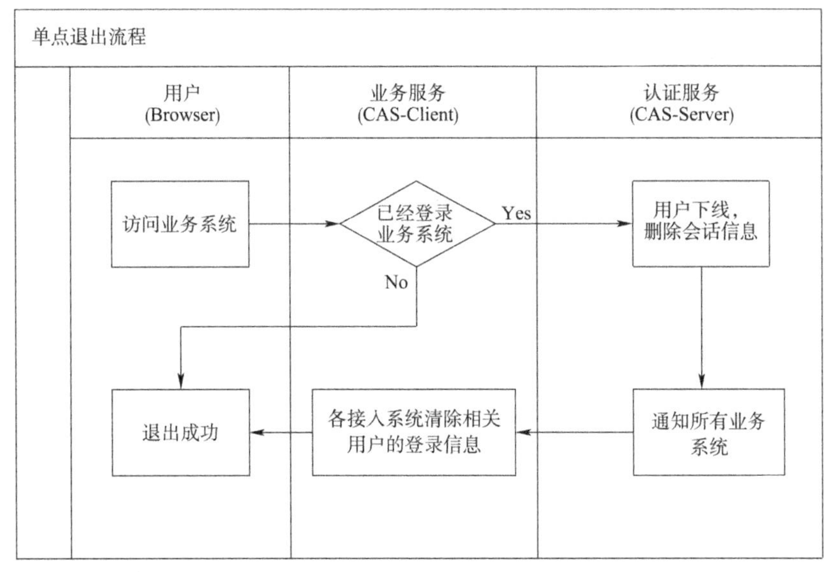

图4-30　单点退出流程

(3)组织架构同步

用户中心服务系统(UCS)提供全量同步和实时增量同步两种策略。

全量同步:用户中心服务系统(UCS)开通组织架构全量同步接口,提供给实时性要求不太高的子系统使用。

实时增量同步:在用户注册、信息变更、服务申请状态变化、删除等操作之后,用户中心服务系统(UCS)主动通知各个子系统变更的用户数据,提供给实时性要求高的子系统使用。

4.3.3 用户中心管理系统(UMS)

(1)统一用户管理

对使用统一身份认证平台的所有业务应用系统的全部用户进行管理。

(2)统一角色管理

管理统一身份认证平台本身和平台中所有应用系统中需要使用到的角色信息,系统通过用户、角色、权限机制,以及角色、用户、权限批量处理机制,极大地方便了用户的权限分配。

(3)统一应用管理

管理纳入统一身份认证平台的各应用系统的应用功能点和应用权限。

(4)统一授权管理

实现了用户与角色、角色与功能的对应管理,并且角色授权仅控制到子系统层级,不涉及子系统的菜单,通过该权限策略的定制和调用,实现其与应用流程的紧密结合。

4.3.4 门户系统(Portal)

养护统一管理平台作为高速公路智慧管养系统的门户系统,实现用户、机构的统一管理的同时,还集成了多个相关业务的子系统,实现智慧管养系统的集成与综合管理。

(1)系统集成,主要包括单点登录集成、手机短信登录集成、待办待阅数据集成、功能反馈意见集成、用户界面主题配置同步、平台通知命令集成和子系统跳转信息集成,如图4-31所示。

(2)综合管理,主要包括机构管理、人员管理、权限管理、门户管理和基础配置。

机构管理负责统一管理维护正式组织机构与外部机构信息,并在数据变更后推送数据到数据管理中心。

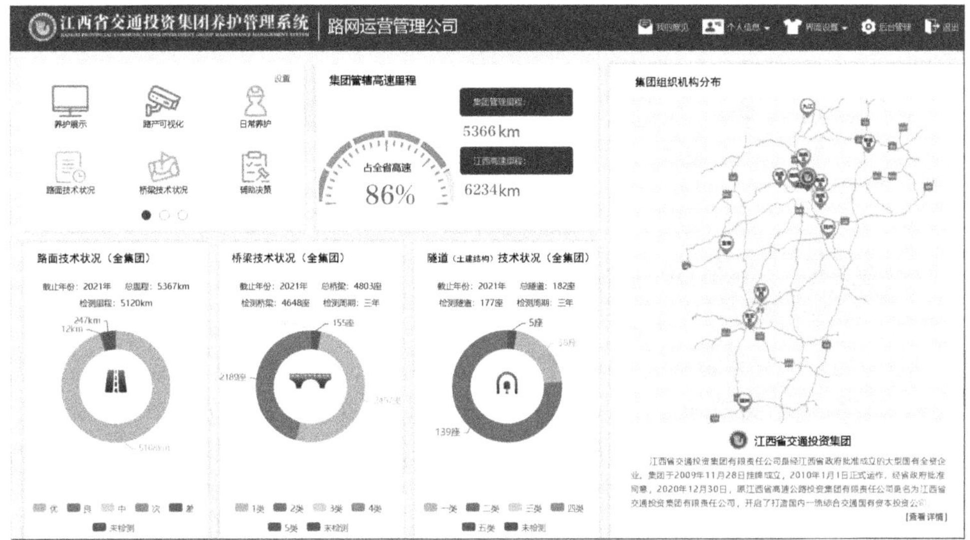

图 4-31　养护统一管理平台界面

人员管理负责统一管理维护员工信息的新增、修改、查询、删除以及人员类型的关联，并在数据变更后推送数据到数据管理中心。

权限管理包含资源、角色管理以及子系统管理。其中资源管理负责配置后台的资源信息；角色管理负责配置用户以及对应角色可以访问的资源；子系统管理负责集成各业务子系统到养护统一平台，实现单点登录、数据集成、界面集成等功能。

门户管理负责配置系统布局、模块及内容，并针对人员类型和权限，配置与其对应的功能模块，同时可查询各子系统反馈意见并回复。

基础配置管理系统的常见数据字典、数据同步任务、办公与系统用户映射等信息。

第 5 章　业务系统建设

5.1　日常养护管理子系统

根据第 3 章对集团所辖高速公路现状分析结果，由于大部分高速公路服役时间短，整体技术状况较好，目前高速养护工作以日常养护为主。另一方面，随着路龄的逐年增长，路况不断衰减，日常养护依然是高速公路不可或缺的重要养护方式。但是日常养护任务繁重，传统以人工处理、人工决策为主的纸质养护作业模式，效率低下，可用性一般，难以实现日常养护管理作业精细化，因此，急需实现日常养护业务的信息化管理。

5.1.1　概述及关键业务流程

为了加强高速公路日常养护管理工作，提高日常养护业务管理水平，确保公路在使用过程中，达到保持路面干净整洁、路基边坡稳定、桥涵隧道排水系统通畅、交通安全设施完整有效、绿化物的整洁美观等目标。在满足交通运输部、集团相关标准、制度、管理办法等要求的前提下，基于集团目前高速公路日常养护业务管理现状，并结合集团、路网运营管理公司、养护中心、养护所和养护站等各级用户的需求及系统开发功能需求，对集团高速公路日常养护业务管理进行优化，总结出优化后的日常养护业务管理范围，如表 5-1 所示，包含：养护清单管理、日常养护单位招标、日常养护计划、日常养护实施（日常保养、日常巡查、经常性检查、日常小修工程、应急处理、防汛、冬防等）、日常养护监督、日常养护考核、日常养护计量支付、日常养护报表、机务管理、技术档案管理、养护培训等。

其中，关键核心业务流程是实现高速公路日常产生的病害或问题的“发现—任务派发—维修作业实施—验收—结算”的全过程规范化闭环管理，如图 5-1 所示。

日常养护管理业务梳理　　表 5-1

序号	业务名称	业务内容
1	养护清单管理	以企业定额为参照，用于规范日常养护管理工作，便于统计汇总

续上表

<table>
<tr><th>序号</th><th colspan="2">业务名称</th><th>业务内容</th></tr>
<tr><td>2</td><td colspan="2">日常任务分配</td><td>用于明确施工队伍具体工作任务</td></tr>
<tr><td>3</td><td colspan="2">日常养护计划</td><td>相关责任单位根据年度和季度养护计划以及日常巡查、桥隧经常性检查等实际产生的病害，动态编制月度养护计划</td></tr>
<tr><td rowspan="4">4</td><td rowspan="4">日常养护实施</td><td>日常保养</td><td>负责保洁、排水系统清淤疏通、交通设施维护和清洗、绿化保养等</td></tr>
<tr><td>日常巡查</td><td>养护单位按照要求开展日常巡查工作</td></tr>
<tr><td>经常性检查</td><td>养护单位根据周期要求开展桥隧经常性检查工作</td></tr>
<tr><td>日常小修工程</td><td>养护单位根据任务单实施日常养护作业，作业完成后要提交验收申请，验收通过后，此次维修结束，相应病害处理形成闭环</td></tr>
<tr><td>5</td><td colspan="2">日常养护监督</td><td>通过一系列技术或管理上的手段实施日常养护实施过程中的安全、质量、进度监督</td></tr>
<tr><td>6</td><td colspan="2">日常养护考核</td><td>根据《江西省交通投资集团日常小修保养考核管理办法》要求，对不同层级的单位进行日常养护工作进行考核，作为下一年资金拨付和计量支付的依据</td></tr>
<tr><td>7</td><td colspan="2">日常养护计量支付</td><td>根据实际产生的工程量以及相关考核结果，开展日常养护计量结算和支付工作</td></tr>
<tr><td>8</td><td colspan="2">日常养护报表</td><td>编制日常养护工作的报表</td></tr>
<tr><td>9</td><td colspan="2">机务管理</td><td>了解养护设备的使用和保养情况</td></tr>
<tr><td>10</td><td colspan="2">技术档案管理</td><td>对各类技术档案（图纸、报告、法规、标准等）进行管理和存档</td></tr>
<tr><td>11</td><td colspan="2">养护培训</td><td>组织养护工艺、养护标准、养护新技术培训，提升养护人员的能力</td></tr>
</table>

5.1.2　功能简介

智慧管养系统（一期）日常养护管理子系统，结合江西省高速公路现有管养业务需求，以解决问题为导向，提供日常养护巡查情况及时上报、病害处置全过程跟踪、维修任务实时派发和处置情况动态跟踪等服务，可实现日常养护工作全流程、闭环、精细化管理，促进日常养护工作的规范化、标准化，提高养护质量和养护工作

效率,确保高速公路安全畅通,其建设遵循了以下四点原则:

(1)管理过程信息化原则;

(2)管理流程闭环化原则;

(3)监管职责明确化原则;

(4)系统功能全面性原则。

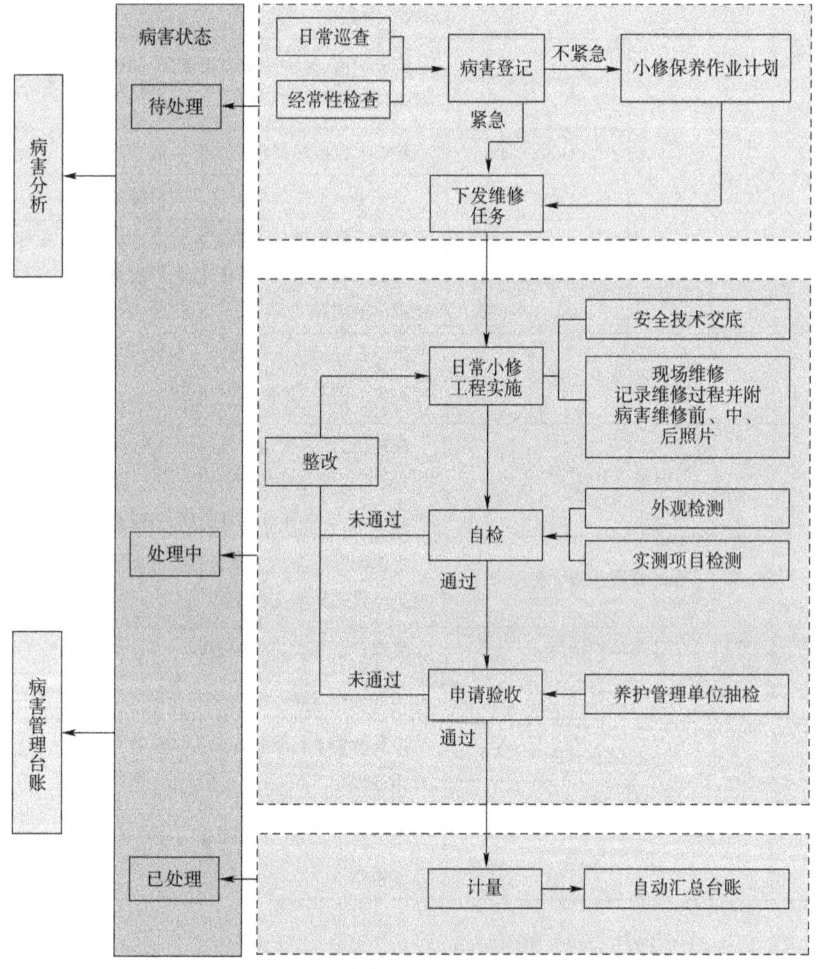

图5-1　日常养护业务全过程流程图

此外,针对日常养护管理子系统主要面向日常养护管理人员和一线的基层工作人员的特点,本系统建设时充分考虑了用户的实际业务应用场景和需求,功能操作简单、实用,使用便捷、高效。

鉴于一期系统建设主要用于实现急需业务的信息化,日常养护管理子系统一期建设完成了首页、巡查管理、维修管理、统计分析、工程补录、日常保养、报表下载、日报查看、机务管理、档案管理和养护培训等 11 项功能模块，并同步开发了手机端 App，其框架如图 5-2 所示。

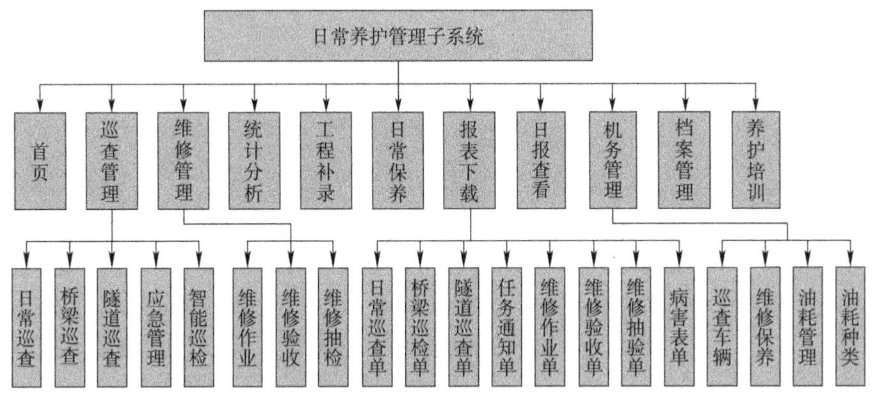

图 5-2　日常养护管理系统功能框图

(1) 首页

日常养护管理子系统根据不同层级的人员，进行个性化首页定制，从巡查地图、资产概况、病害工程量统计、病害个数统计以及累计计量等五个维度展示综合展示日常养护数据，如图 5-3 所示。

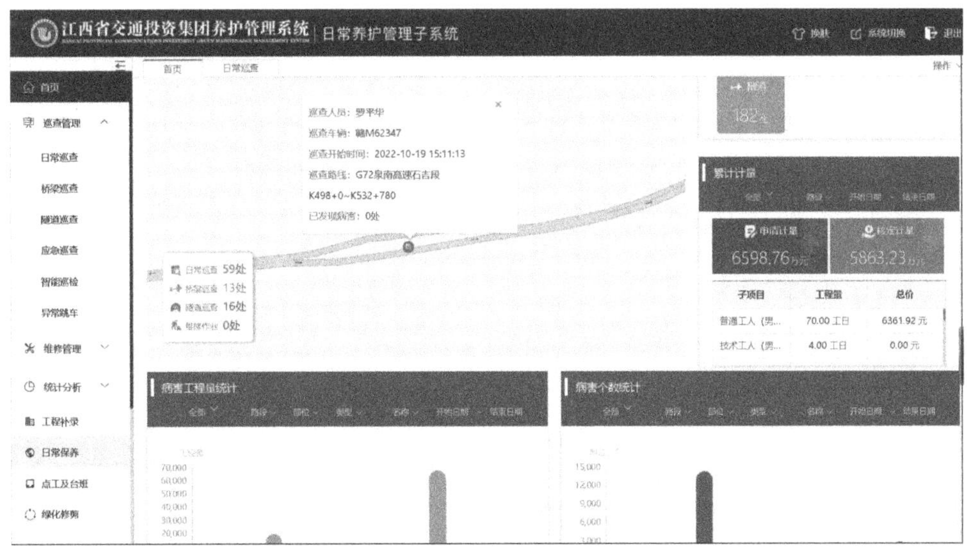

图 5-3　日常养护管理子系统首页

(2)巡查管理

图 5-4　移动 App 巡查

养护巡查人员通过移动 App 发起巡查管理工作,并将巡查信息录入系统,分为日常巡查、桥梁巡查、隧道巡查、应急管理和智能巡检。

巡查管理主要通过移动巡查 App 完成,具有自动定位病害桩号,实时上传病害信息,实时更新病害当前状态(待下派、待维修、已维修、待复检)等功能。

电脑端后台则基于移动 App 端巡查记录自动生成,各用户可根据不同的查询需求,按照路段、巡查类型、巡查用户和时间范围等条件对巡查记录进行统计查询。同时,系统允许部分管理人员拥有在电脑后台录入和修改巡查信息的权限,移动 App 端和电脑后台的巡查管理界面分别如图 5-4 和 5-5 所示。

江西省交通投资集团养护管理系统 | 日常养护管理子系统

序号	巡查类型	路段名称	巡查时间	巡查单位	巡查日期	病害数	状态
1	日巡查	S59生厚高速昌樟段K0+0~K13+209	16:53:19~17:04:45	黄马养护站	2022-01-14	0	巡查结束
2	日巡查	S38昌栗高速昌栗西段K139+500~K223+430	16:50:39~16:52:47	株潭养护站	2022-01-14	2	巡查结束
3	日巡查	S49枫生高速昌樟段K29+430~K32+140	16:45:42~16:51:27	黄马养护站	2022-01-14	0	巡查结束
4	日巡查	G45大广高速泰赣段K2961+600~K3042+9...	16:41:09~16:44:19	巾石养护站	2022-01-14	3	巡查结束
5	日巡查	G60昌樟高速昌樟段K738+244~K756+0	16:39:31~16:45:26	黄马养护站	2022-01-14	0	巡查结束
6	日巡查	G6021杭长高速德昌段K175+962~K257+7...	15:50:20~16:07:24	德兴养护站	2022-01-14	0	巡查结束
7	日巡查	G45大广高速武吉南段K2779+745~K2791...	15:29:54~16:11:07	东陂养护站	2022-01-14	0	巡查结束
8	日巡查	G35济广高速鹰瑞北段K1271+845~K1354...	15:29:19~16:18:44	广昌养护站	2022-01-14	3	巡查结束
9	日巡查	G35济广高速鹰瑞北段K1271+845~K1354...	15:13:16~15:24:32	广昌养护站	2022-01-14	12	巡查结束
10	日巡查	G60沪昆高速昌金段K815+316~K874+0	15:02:25~15:29:42	东陂养护站	2022-01-14	0	巡查结束

图 5-5　电脑后台巡查管理

(3)维修管理

维修管理包括维修作业、维修验收、维修抽验。施工单位对维修单进行记录,养护站人员对施工单位提交的维修单进行验收,相关管理人员对验收通过的维修单进行抽验。系统可对数据进行维修信息录入、编辑、删除、验收、抽验等操作,如图 5-6 所示。

江西省交通投资集团养护管理系统 | 日常养护管理子系统

维修管理
维修作业
维修验收
维修抽验
统计分析
工程补录
日常保养
报表下载
日报查看

组织机构 全部　路段 请选择　施工单位 请选择　状态 请选择

序号	路段	桩号	位置-方向-车道	作业单位	维修内容
1	G35济广高速鹰瑞北段K1...	K1341+000 ~ K1341+0...	主线 - 下行 - 第二车道	江西赣粤高速公路工程有...	桥梁 - 伸缩装置 - 锚固区...
2	G35济广高速鹰瑞北段K1...	K1313+297 ~ K1313+2...	主线 - 上行 - 第一车道	江西赣粤高速公路工程有...	桥梁 - 伸缩装置 - 锚固区...
3	G35济广高速鹰瑞北段K1...	K1283+360 ~ K1283+3...	主线 - 上行 - 第一车道	江西赣粤高速公路工程有...	桥梁 - 伸缩装置 - 锚固区...
4	G35济广高速鹰瑞北段K1...	K1290+100 ~ K1290+1...	主线 - 上行 - 第一车道	江西赣粤高速公路工程有...	桥梁 - 伸缩装置 - 锚固区...
5	G35济广高速鹰瑞北段K1...	K1352+500 ~ K1352+5...	主线 - 上行 - 第一车道	江西赣粤高速公路工程有...	路面 - 沥青路面 - 坑槽(0....
6	G35济广高速鹰瑞北段K1...	K1352+501 ~ K1352+5...	主线 - 上行 - 第二车道	江西赣粤高速公路工程有...	路面 - 沥青路面 - 坑槽(0....
7	G35济广高速鹰瑞北段K1...	K1298+100 ~ K1298+1...	主线 - 上行 - 中央分隔带	江西赣粤高速公路工程有...	交安设施 - 防眩设施 - 防...
8	G35济广高速鹰瑞北段K1...	K1298+101 ~ K1298+1...	主线 - 上行 - 中央分隔带	江西赣粤高速公路工程有...	交安设施 - 防眩设施 - 防...
9	G35济广高速鹰瑞北段K1...	K1298+102 ~ K1298+1...	主线 - 上行 - 中央分隔带	江西赣粤高速公路工程有...	交安设施 - 防眩设施 - 防...
10	G35济广高速鹰瑞北段K1...	K1298+103 ~ K1298+1...	主线 - 上行 - 中央分隔带	江西赣粤高速公路工程有...	交安设施 - 防眩设施 - 防...

图 5-6　维修管理

（4）统计分析

系统通过大数据分析从不同维度分析业务数据，将数据更为直观展示，包括巡查轨迹实施查看、病害数据分析、病害密集度分析以及综合分析等，如图 5-7 所示。

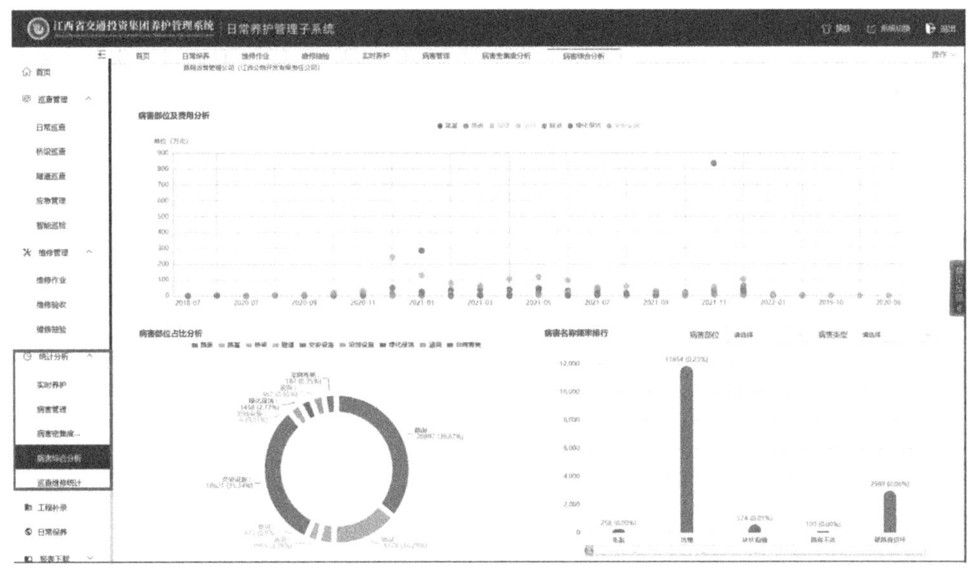

图 5-7　综合分析

(5)工程补录

系统对未及时登记的日常养护信息,提供工程补录单填写,包括基本信息、病害信息及维修信息等。工程补录对应的维修单会直接进入验收环节,如图5-8所示。

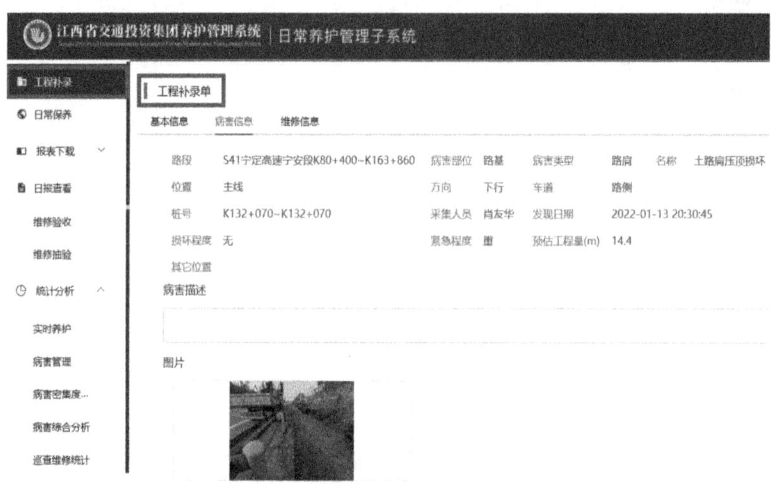

图5-8 工程补录

(6)日常保养

支持录入保洁、排水系统清淤疏通、交通设施维护和清洗、绿化保养等各类保养信息,根据保养记录自动进行工程量计量、费用统计,如图5-9所示。

江西省交通投资集团养护管理系统 | 日常养护管理子系统

日常保养

组织机构 全部 路段 请选择 申请单位 请选择 补录类型 请选择 状态 请选

申请时间: 开始日期 至 结束日期 查询 重置

序号	审核单位	申请单位	申请时间	路段名称	桩号	位置-方向	内容	申请计量金额(元)	申请原因
1	中云养护站	中云养护站...	2022-01-1...	G56杭瑞高...	K271+300...	主线 - 上行	路面 - 沥青路面 - 坑槽(0.71m^2)	416.49	
2	禾丰养护站	于都建平园...	2022-01-0...	G76厦蓉高...	K362+480...	主线 - 下行	交安设施 - 隔离栅 - 隔离栅片缺...	150.00	
3	禾丰养护站	于都建平园...	2022-01-0...	G76厦蓉高...	K362+600...	主线 - 下行	交安设施 - 隔离栅 - 隔离栅片缺...	30.00	
4	梅棠养护站	梅棠养护站...	2021-12-1...	S30永武高...	--	-- - --	- -	0.00	K58+000-...
5	梅棠养护站	梅棠养护站...	2021-12-1...	S30永武高...	--	-- - --	- -	0.00	k43+800-...
6	梅棠养护站	梅棠养护站...	2021-12-1...	S30永武高...	--	-- - --	- -	0.00	k40+000-...
7	梅棠养护站	梅棠养护站...	2021-12-0...	S30永武高...	--	-- - --	- -	0.00	k38+000-...
8	梅棠养护站	梅棠养护站...	2021-12-0...	S30永武高...	--	-- - --	- -	0.00	k85+000-...
9	梅棠养护站	梅棠养护站...	2021-12-0...	S30永武高...	--	-- - --	- -	0.00	K73+730-...
10	梅棠养护站	梅棠养护站...	2021-12-0...	S30永武高...	--	-- - --	- -	0.00	K24+000-...

图5-9 日常保养

(7)报表管理

根据实际养护业务需求制定相应的各个报表,并支持批量下载。当前系统支持日常巡查单、桥梁巡查单、隧道巡查单、任务通知单、维修作业单、维修验收单、维修抽验单、病害表单等报表下载,如图5-10所示。

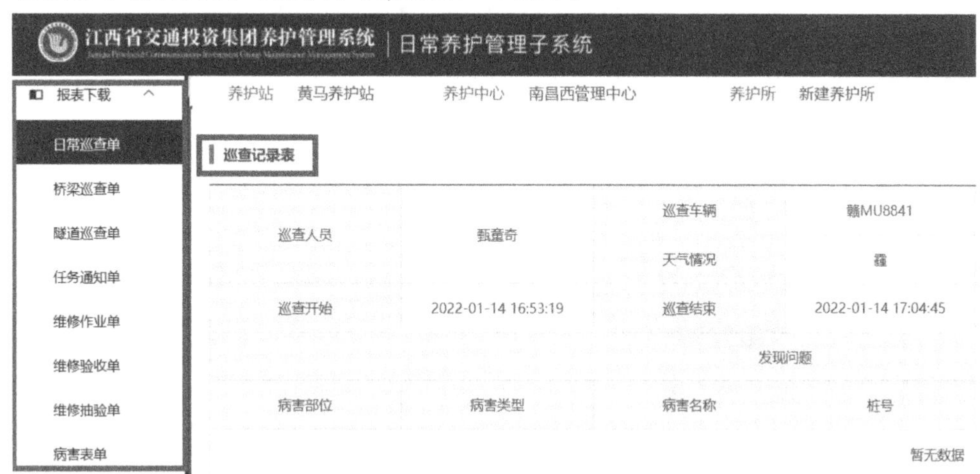

图5-10　报表下载

(8)日报查看

用户(施工单位不包含此功能)通过日报查看各养护站当天及历史巡查覆盖率、日常巡查、病害下派、任务单单接收、维修、验收、抽验、工程补录、日常保养等情况,如图5-11所示。

图5-11　日报查看-巡查覆盖率

(9)机务管理

机务管理主要是记录养护车辆的使用和保养情况,包括:巡查车辆、维修保养车辆定位、油耗管理、油耗种类等,如图5-12所示。

图5-12　机务管理

(10)档案管理

系统对各类技术档案(图纸、报告、法规、标准等)进行电子化管理和存档,支持导入系统各类档案的在线查看、批量上传和导出下载,如图5-13所示。

图5-13　档案管理

(11)养护培训

用户可以在PC端或者移动App线上学习养护工艺、养护标准、养护新技术等知识。同时系统还设置在线交流、课后问答解答、课程管理、在线考试和成绩管理等功能。便于养护人员接受安全培训,快速掌握各自养护岗位的安全操作技能,控制职业危害和应急处理的能力,如图5-14所示。

图5-14　养护培训

5.1.3　应用及案例分析

江西省交通投资集团抚州管理中心负责江西省福银高速温沙段、济广高速鹰瑞北段、抚吉高速抚吉段和金抚段、南昌绕城高速、抚州东环高速共7条路段计823公里高速公路的养护管理工作。

从2020年8月至2021年5月,抚州管理中心应用日常养护管理子系统实现日常巡查3703次,病害记录跟踪1004次,生成日常养护管理日报152份,实现养护的巡查、维修记录全面形成档案电子化,病害的维修周期缩短至国家标准规范要求内,图5-15是抚州管理中心日常养护管理系统首页,图5-16是日常巡查记录表样式,图5-17是系统智能巡检病害录入详情。

养护一线工作人员通过配备智能终端设备实现巡查和病害无纸化记录,有效提升了日常养护的工作效率,使信息更规范、完善,并且系统满足管理中心各项日常养护管理工作需求,操作流程规范,统计数据全面,功能齐全,应用总体评价良好。

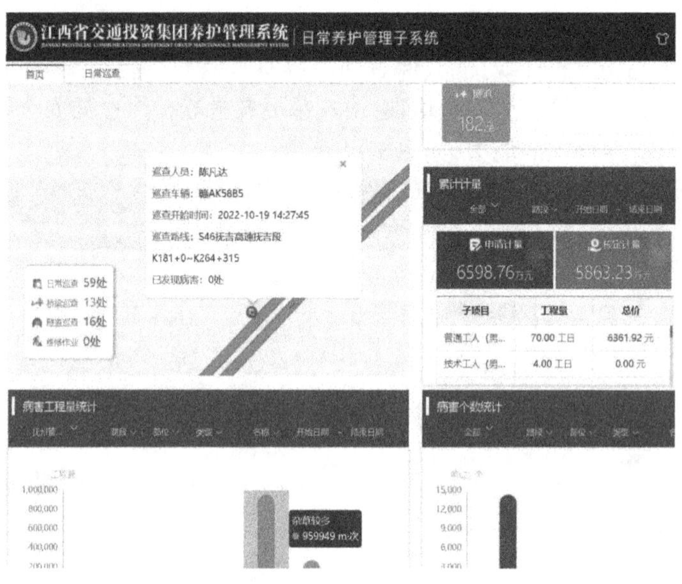

图 5-15　抚州管理中心日常养护管理系统首页

图 5-16　日常巡查记录表样式

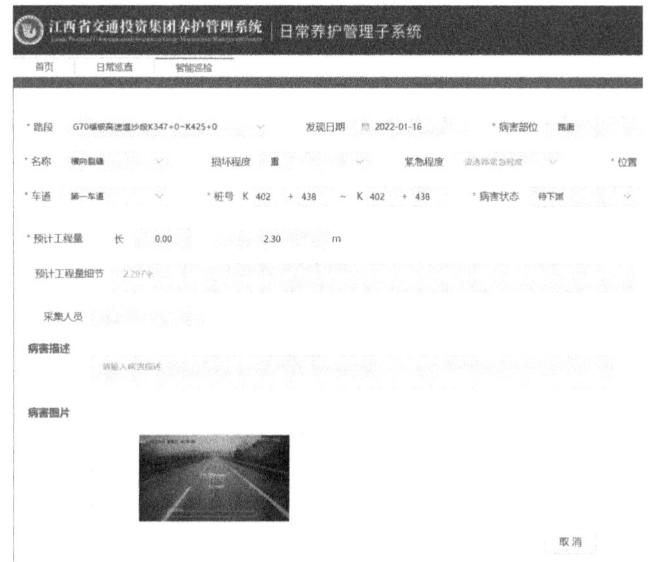

图 5-17　系统智能巡检病害录入详情

5.2 路面养护科学决策子系统

路面养护决策的核心内容是在预算资金的约束下，寻求最优养护策略，使得效益目标最大化；或是在一定的路面使用性能要求约束下，寻求最优养护策略，使得费用目标最小化。相较于传统通过经验分析制定养护方案，路面养护辅助决策子系统，是基于养护数据中心的大数据分析建立的路面养护投入评估模型，该模型综合了路面历史、交通量、技术状况等多种因素，通过纵向深度分析和横向联动性分析，对高速公路历年路况、国检评分、养护投入、交通量等数据进行综合分析，能够辅助提升路面养护的科学决策，为高速公路养护管理者提供最优养护实施方案和养护资金配置。

高速公路养护管理者可结合路面养护的优先需求，通过系统预测养护效果和养护资金投入，或是在资金有限的条件下预测路面养护后的路况水平，通过年度养护资金分布分析，选择最佳决策方案。

高速公路养护管理者还可以通过智能化的横向联动分析，输入拟实施的养护技术，精准获取某条高速公路某一路段“养护前路况-养护方案-养护后效果”的联动效果图。若更改其中一张图的基本信息，其他两张图将智能展示相应效果动态，养护前后路况效果一目了然，帮助决策者省去大量手动分析比对时间，提升决策效率。

5.2.1 养护决策思路与方法

5.2.1.1 养护决策方法的确定

路面养护决策起源于20世纪60年代美国AASHTO道路试验，采用路况数据与工程经验判断相结合的决策方法。随着路面管理系统的推广应用，大量工程经济分析方法被用于项目级道路路面养护决策分析，具有代表性的有决策树/决策矩阵、排序法、数学规划法、神经网络和遗传算法等，其优缺点如表5-2所示。

路面养护决策方法比较 表5-2

决策方法	优势	缺陷
决策树/决策矩阵	较为直观，易于工程师和管理人员理解；可主客观结合，具有灵活性和适应性	不能完全考虑影响决策的所有因素
排序法	方法简便，多用于网级养护决策中	经验因人、因时、因地而异随意性大
数学规划法	得到更全面最优解	模型计算困难
遗传算法	目标函数既不要求连续，也不要求可微，仅要求该问题可计算；给定设计遍及整个解空间，易得到全局最优解	局部搜索空间不具备微调能力，若群体规模、遗传算子给定设计不当，会产生早熟、进化后期缓慢等现象
神经网络	良好的自适应性和容错性，用于局部搜索时显得比较有效	结构设计基本上依赖于有经验的专家通过摸索来确定，尚没有足够理论指导和系统方法来设计适当的网络结构

鉴于表5-2中各养护决策方法的优缺点，智慧管养系统采用决策树法对项目级养护决策进行方案选择，同时采用排序法对网级路面养护决策进行路段优化选择。

5.2.1.2 系统应用的决策思路及方法

智慧管养系统融合了决策树、排序等方法思路，构建基于多元数据融合分析的网级路面养护决策方法，深入分析影响养护决策的各类因素内在特征，并进行融合联动分析，实现科学的养护决策。流程如图5-18所示，前期对路面各类数据进行预处理,并同步建立养护决策模型;在此基础上,综合考虑资金有限、原路面结构、养护历史等因素进行决策计算,并对决策结果进行细粒度或宏观地展示。

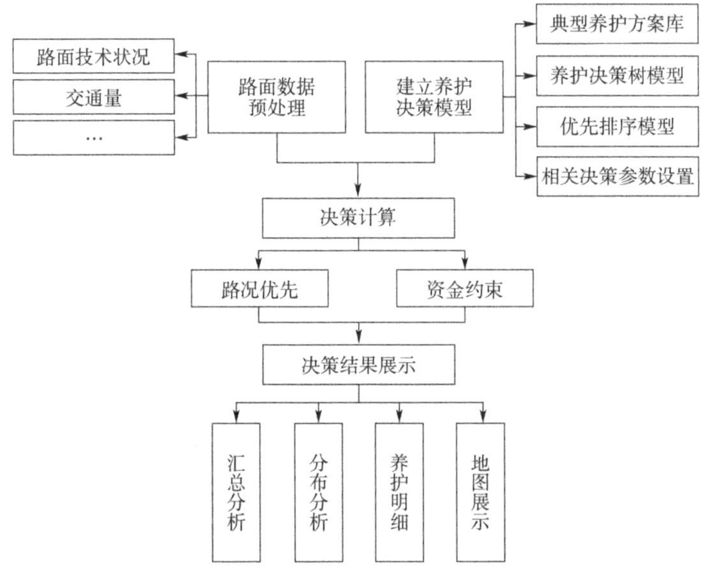

图 5-18 养护决策方案制定流程

(1)路面数据预处理

路面数据是进行科学决策的基础,主要包括路面基础信息、路面技术状况、交通量、行政等级、路龄和养护历史等内容。为确保决策计算的科学性和有效性,需提前对路面数据进行相关预处理,主要包括数据清洗和划分决策单元。

①数据清洗

为删除原始数据集中的无关数据和重复数据,平滑噪声数据,处理缺失值和异常值,进而确保路面各类数据完整性和准确性。路面各类数据一般是以桩号为基础的连续数据,对于少量不连续的缺失值可以采用固定值、最近邻插补、插值法等方式补齐;对于连续较多的缺失值,则不处理,避免补充数据影响最终决策结果。异常值可以采用直接删除、视为缺失值、平均值修正等方法进行处理。

②划分决策单元

网级养护决策是基于路面技术状况进行分析的,需按《公路技术状况评定标准》(JTG 5210 — 2018)中评定单元划分规则将路段划分为细粒度决策单元。决策单元的划分以桩号为基础,每个单元由唯一的桩号范围进行标识。完成决策单元的划分后,路面各类数据将作为每个单元的一个属性,被关联起来。后面的决策计算将基于每个决策单元进行分析。

(2)建立养护决策模型

决策计算前需建立养护决策模型,包括典型养护方案、养护决策树模型、优先排序模型和相关决策参数设置。

①典型养护方案

典型养护方案是决策模型的基础,用于为决策提供可选的路面维修方案,且涵盖各类养护方案相关费用模型,为养护金额的决策计算提供支撑。建立养护方案库时,需结合工程实践经验,梳理修复性养护和预防性养护的具体方案,不同的方案有不同材料、施工工艺,其养护费用单价也有所区别,且因材料价格的波动、施工工艺的发展,养护方案的单价也是变动的。典型养护方案示例如图 5-19 所示,可依据市场行情灵活调整。

序号	方案编号	方案名称	养护类型	使用条件	方案简要说明	单价(元/平方)
1	FA1	铣刨重铺1层	预防性养护	铣刨重铺1层	铣刨重铺 4cm 改性 AC-13	64
2	FA2	铣刨重铺2层	预防性养护	铣刨重铺2层	刨铣重铺 4(5)cm 改性 AC-13+6(8)cm 改性 AC-20	155(200)
3	FA3	铣刨重铺3层	修复性养护	铣刨重铺3层	刨铣重铺 4cm 改性 AC-13+8cm 厂拌热再生中面层+10cm 厂拌冷再生下面层	273
4	FA4	铣刨重铺上基层	修复性养护	铣刨重铺上基层	刨铣重铺 4cm 改性 AC-13+8cm 厂拌热再生中面层+10cm 厂拌冷再生下面层+14cm 水稳	325
5	FA5	微表处	预防性养护	罩面 1cm	直接罩面 1cm MS-3 型微表处	23
6	FA6	超薄罩面	预防性养护	罩面 1~2cm	直接罩面 1~2cm;	50
7	FA7	薄层罩面	预防性养护	罩面 2~3cm	直接罩面 2.5cm; 铣刨 2.5cm 后摊铺 2.5cm 超薄罩面	51
8	FA8	罩面	预防性养护	罩面 4cm	—	55
9	FA9	就地热再生	预防性养护	上面层热再生	上面层 4cm 热再生	52

图 5-19　典型养护方案示例

②养护决策树模型

养护决策树模型用于为每个决策单元选取适宜的养护方案。路面技术状况是直观反映当前道路质量和使用性能的关键指标，是决策树模型的基础，包括路面损坏状况指数（PCI）、路面行驶质量指数（RQI）、路面车辙深度指数（RDI）、路面跳车指数（PBI）、路面磨耗指数（PWI）、路面抗滑性能指数（SRI）和路面结构强度指数（PSSI）。多元数据关联性分析方法，以路面的技术状况数据为基础，综合考虑交通量、路龄等影响因素，进而科学地设计决策树模型。轻交通量条件下的决策树模型如图 5-20 所示。决策优先级为 PSSI > PCI > RQI > SRI > RDI > PBI，每一层级将指标值划分为多个区间，每个区间则对应一种养护方案。决策树可根据不同地区公路的特点和养护侧重点适当调整指标优先级以及各个区间的阈值。

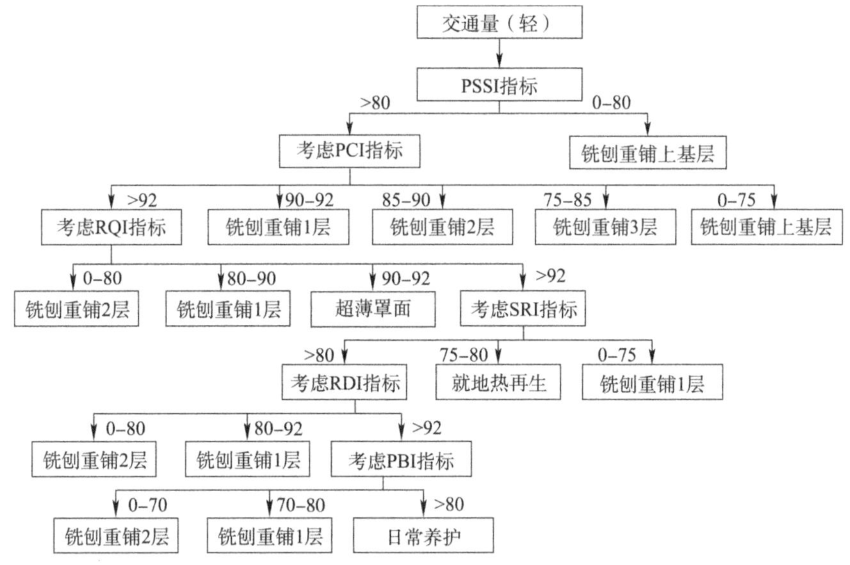

图 5-20　轻交通量条件下的决策树模型

决策树的建立可根据实际养护需求按如上规则进行相应调整，根据每个决策单元的路面技术状况制定具体的养护方案，同时也确定该单元所需的养护金额。

③优先排序模型

养护方案决策模型建立后，下一步就是建立路段优先排序模型。公路路网养护资金的分配是多目标决策过程，路面技术状况、交通量、路龄、行政等级等都是影响决策的重要因素，不能仅根据某一指标就决定优先维修的路段。需采用多元数据融合分析方法，拟定不同因素的权重，进行综合排序。智慧管养系统中的指标及优先级排序是 PCI→SRI→RQI→AADT→RDI→路龄→行政等级，推荐的各排序指标权重如表5-3所示。

推荐的各排序指标权重 表5-3

指标	PCI	SRI	RQI	AADT	RDI	路龄	行政等级
权重(100%)	29～31	24～26	19～21	9～11	9～11	2～3	2～3

④相关决策参数设置

路面养护过程中,路面技术状况较差、影响车辆行驶安全的决策单元一般必须进行养护维修。在进行养护决策的过程中需要考虑必修路段的预算,特别是在资金有限时,需要去掉必修的决策单元的预算,剩余金额再去选修优先级较高的路段。推荐的必修路段指标阈值如表5-4所示。若决策单元中的任意的指标值小于表中阈值,则表示该单元为必修路段。表中数值可根据不同地区公路的特点和养护侧重点适当调整指标及其阈值。

推荐的必修路段指标阈值 表5-4

指标	PCI	RQI	RDI	SRI	PSSI
阈值	83～85	78～80	68～70	73～75	78～80

(3)决策计算

建立养护方案决策模型和优先排序模型后,即可对路面各类数据进行决策计算。决策计算时,充分考虑资金、原路面结构和养护历史等因素,使制定的养护计划更贴合实际应用情况。

决策计算流程如图5-21所示。

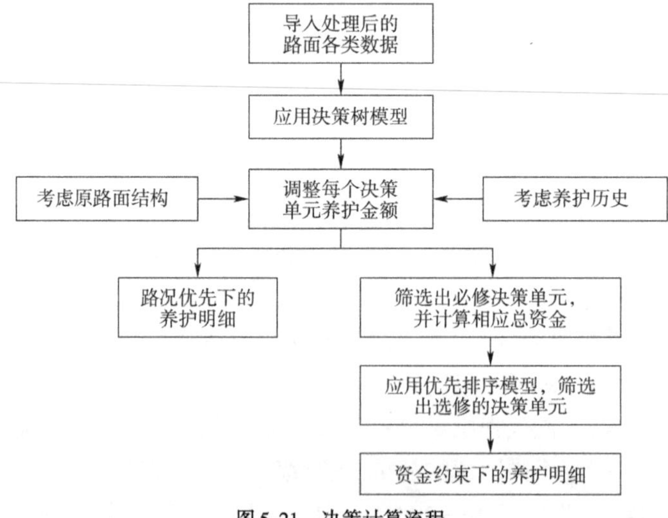

图5-21 决策计算流程

(4)决策结果的展示

通过决策计算可得到细粒度的养护明细等详细数据,基于以上数据可通过汇总分析、分布分析、养护明细展示和地图展示等方式进一步展示养护计划。养护明细从微观角度展示每个小路段的养护计划,汇总分析从宏观角度展示了管理路段预防性养护、修复性养护和日常养护的里程和养护金额;分布分析展示了养护金额和各类养护方案里程在不同区域的分布情况;地图展示则是以地图为载体,更直观地展现了所辖路段的养护方案分布情况。决策结果展示提供了更便捷、多维度的综合分析决策方法。

5.2.2 功能简介

路面辅助决策分析管理子系统是存储并处理路面资产、技术状况、交通及相关数据的信息化系统,是用于路面养护分析和养护决策的工具。该系统主要面向高速公路管养单位的各个管理层、路面工程师以及计划管理人员。系统主要由首页、综合分析、辅助决策、可视化联动分析、查询统计、系统管理等功能模块组成,如图5-22所示。

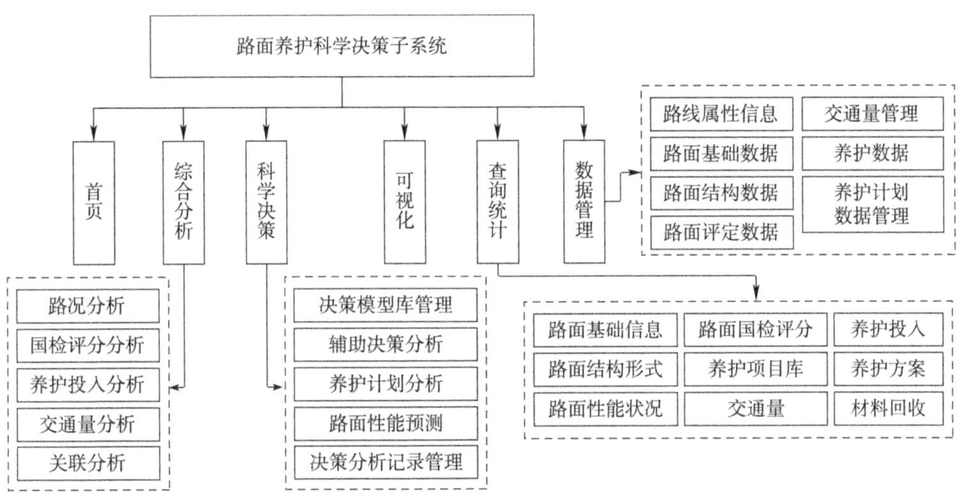

图5-22 路面养护科学决策子系统功能框图

(1)首页

系统首页是综合汇总信息的展示页面,辅助管理者快速了解路网整体状况。可以查看技术状况指标、养护投入、交通量、路龄里程、车道里程这些路网汇总数据,如图5-23所示。

图 5-23　首页界面

(2)综合分析

综合分析模块可从不同管理层级、不同时间等维度对路况、国检评分、养护投入、交通量进行深入分析,同时还可多类数据关联性分析,挖掘数据间内在关联性,如图 5-24 和图 5-25 所示。

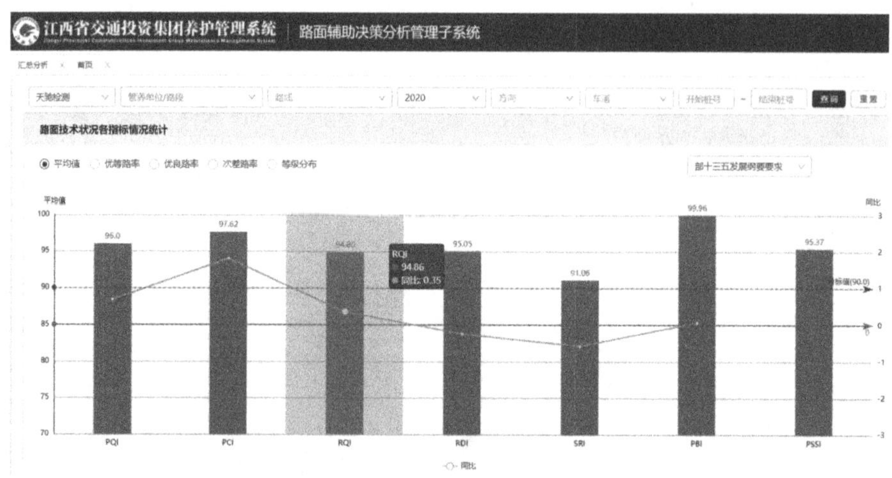

图 5-24　综合分析界面

(3)科学决策

科学决策管理包括决策模型库管理、辅助决策分析、养护计划分析、路面性能预测和决策分析记录管理等功能模块。在决策模型库管理模块中,系统应用典型养护方案库、养护决策树、优先排序等养护决策模型，基于路况、交通量、路龄等数据，可从路况优先和资金优先两个角度去制订详细的养护计划，养护决策结果可从汇总分析、分布分析、养护明细、地图展示等维度展现给管理者，使养护决策更加直观、合理、科学，如图5-26和图5-27所示。

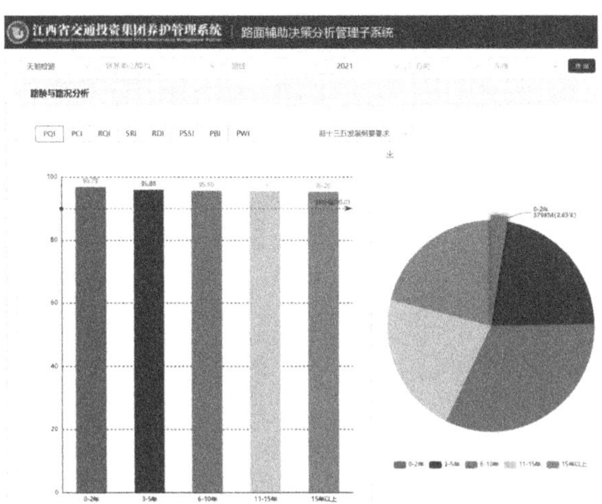

图5-25 关联分析界面

图5-26 分析路况优先下的养护计划

此外，系统建立了双参数、负指数、修正S型曲线等路面性能预测模型，并结合江西省高速公路实际路况数据，针对不同的交通量类型和路况指标，回归分析适合当地高速公路的模型参数，以此预测未来5年的路况衰变情况。科学决策预测结果可按全路网、管理中心或路段等层级进行汇总分析，也可针对具体路线，按每公里维度进行时空分析，如图 5-28 所示。

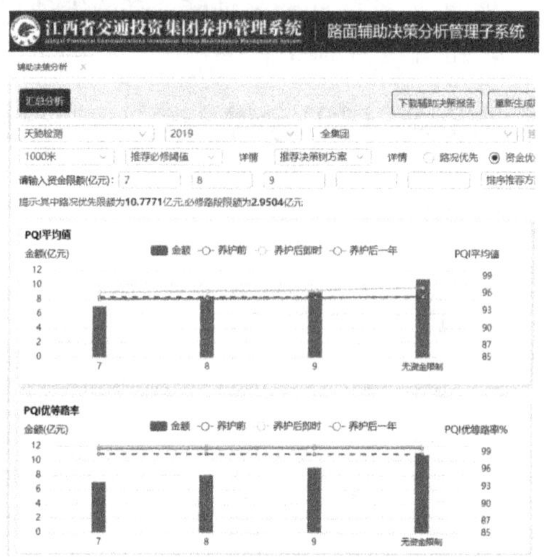

图 5-27　分析资金优先下的养护计划

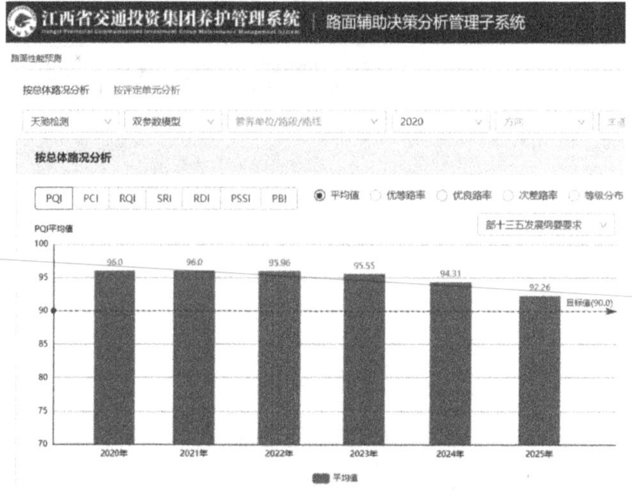

图 5-28　路面路况性能预测

(4)可视化

可视化功能是本系统的一大特色，该模块以电子地图、实景图像、多维图表为载体，可将路况、养护计划、交通量、养护历史、路龄等路面各类数据以图层叠加的方式展示出来，如图 5-29 所示。

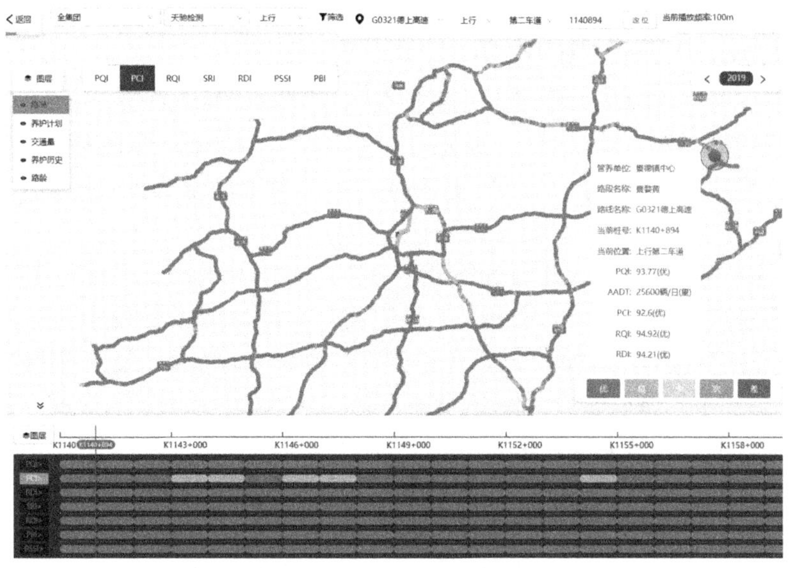

图 5-29 可视化联动分析

(5)查询统计

查询统计模块可汇总统计路面基础信息、路面结构形式、路面性能、国检评分、交通量、养护历史等各类数据,并提供各类数据的详细列表,支持多维度的便捷查询功能,如图 5-30 所示。

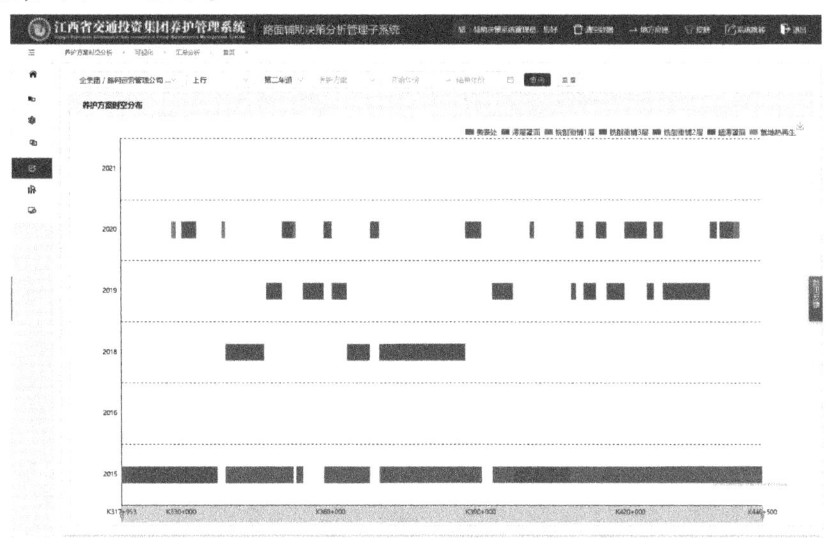

图 5-30 查询相关数据列表

5.2.3 应用及案例分析

路面辅助决策分析管理子系统由首页、综合分析、科学决策、可视化、查询统计等模块构成，辅助路网运营管理公司充分、全面了解所管辖路网的运营状况，支持对技术状况、交通量、养护历史等路面各类数据的多维度、细粒度、直观地分析。

从2020年8月系统试运行开始，路面辅助决策分析管理子系统在江西省交通投资集团路网运营管理公司得到了有效应用，通过辅助决策系统分析制定了近3年的路面养护年度计划，使养护决策效率提高约60%，决策资金与实际匹配度超过90%，每年节约路面养护资金约5000万元。

图5-31是全集团各管理中心2020年通过科学决策养护计划分析得出的养护金额测算结果，测算结果包括养护前、养护后即时以及养护后一年的PQI值的变化情况。路网运营管理公司可以通过该预测结果，针对路网路况，科学制定养护计划，优化各路段的养护资金分配，从而提高养护管理水平。

图5-32是路网八个管理中心、温沙、乐温以及石吉三个路段通过路面辅助决策分析管理子系统预测的养护资金与施工图方案的匹配效果，从资金匹配率可以得知，通过系统得到的路网养护方案，与实际施工图相比匹配度可达80%之上，系统总体应用效果良好。

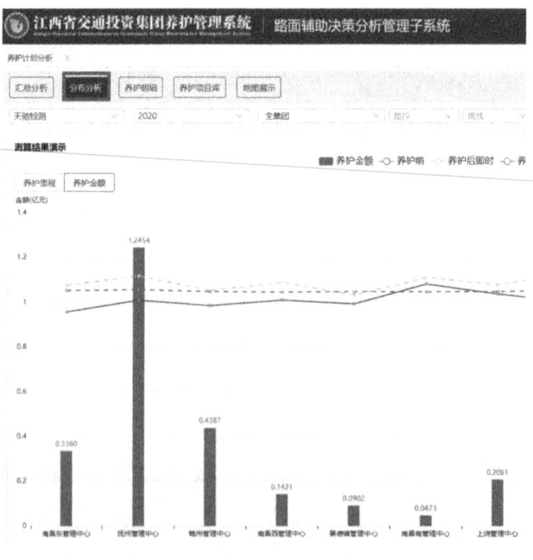

图5-31 养护金额测算结果

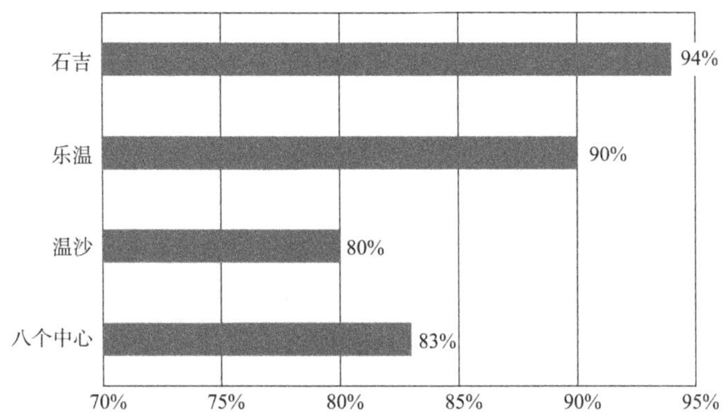

图 5-32 系统方案与实际施工图资金匹配率

5.3 公路技术状况管理桥梁子系统

桥梁检测评定主要以交通部颁发的《公路桥梁技术状况评定标准》(JTG H21)作为依据,对桥梁的技术状况进行科学评定。其按桥面系、上部结构、下部结构分别评定,综合评分,桥梁评价等级由优至差分为5类,即1类、2类、3类、4类及5类。

桥梁检测评定子项较多,以混凝土梁桥为例,上部结构评定部件包括上部承重结构(主梁、挂梁)、上部一般构件(湿接缝、横隔板等)、支座;下部结构评定部件包括翼墙耳墙、锥坡护坡、桥墩、墩台基础、河床、调治构造物;桥面系评定部件包括桥面铺装、伸缩缝装置、护栏、排水系统、照明系统(如有)、人行道(如有)。

当前,以人工记录为主的纸质检测评定模式,效率低下,难以实现桥梁检测评定作业精细化管理和科学决策分析,因此,急需开展桥梁检测评定业务的信息化建设。

5.3.1 概述及关键业务流程

目前,集团所辖桥梁总数4819座,其中通车10年以下桥梁总数1626座,占比41.4%;10~20年桥梁总数2093座,占比53.3%;20~30年桥梁总数208座,占比5.3%;30年以上占比为0,如图5-33所示。

基于集团目前所辖高速公路路网特点,为保障各通车年限的桥梁的良好状况和使用性能,促进桥梁的养护计划制定和管理,按照交通部、集团相关标准、制度以及相关管理办法,并结合集团、路网运营管理公司、管理中心、养护所和养护站等各级用户的在桥梁检测评定模块的功能需求，总结了桥梁检测评定业务管理范围如表5-5所示，主要包含：任务下达管理、检测前的报备管理、现场检测管理、数据处理及分析管理、检测报告编制管理、检测报告审查管理和检测报告归档管理。

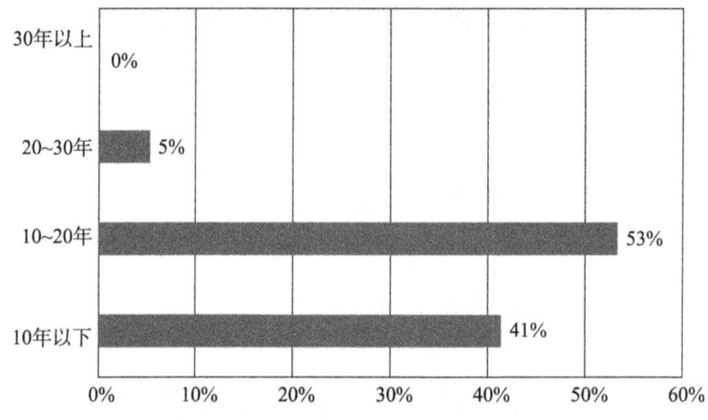

图5-33　集团所辖桥梁通车年限占比

桥梁检测评定业务梳理　　表5-5

<table>
<tr><th>序号</th><th colspan="2">业务名称</th><th>业务内容</th></tr>
<tr><td>1</td><td colspan="2">任务下达及检测准备阶段管理</td><td>受管理部门委托，确认检测时间、工作量</td></tr>
<tr><td>2</td><td colspan="2">检测报备管理</td><td>对需要临时交通组织的检测项目，提交报备手续，接受主管部门、交警部门的审核，按审核后时间实施交通组织，并开展检测</td></tr>
<tr><td rowspan="2">3</td><td rowspan="2">现场检测管理</td><td>基础信息管理</td><td>桥梁内业档案资料准备，明确桥梁类型、数量，准备桥梁病害调查表</td></tr>
<tr><td>桥梁结构物检测</td><td>逐桥检测桥面系、上部结构、下部结构等部件</td></tr>
<tr><td>4</td><td colspan="2">数据处理及分析管理</td><td>桥梁检测指标技术状况评定，桥梁构件技术状况评定，桥梁部件技术状况评定，桥梁总体技术状况评定</td></tr>
<tr><td>5</td><td colspan="2">检测报告编制管理</td><td>根据评定结果及各分项检测指标（构件），编制检测评定报告</td></tr>
<tr><td>6</td><td colspan="2">检测报告审查管理</td><td>管理部门组织检测评定报告审查，并出具审查意见，检测单位对报告进行修编</td></tr>
<tr><td>7</td><td colspan="2">检测报告归档管理</td><td>提交修编后的检测报告并进行归档修编后的检测报告</td></tr>
</table>

对应的桥梁检测评定的关键核心业务流程，如图5-34所示。该流程实现了安全、科学、准确地评定桥梁技术状况。

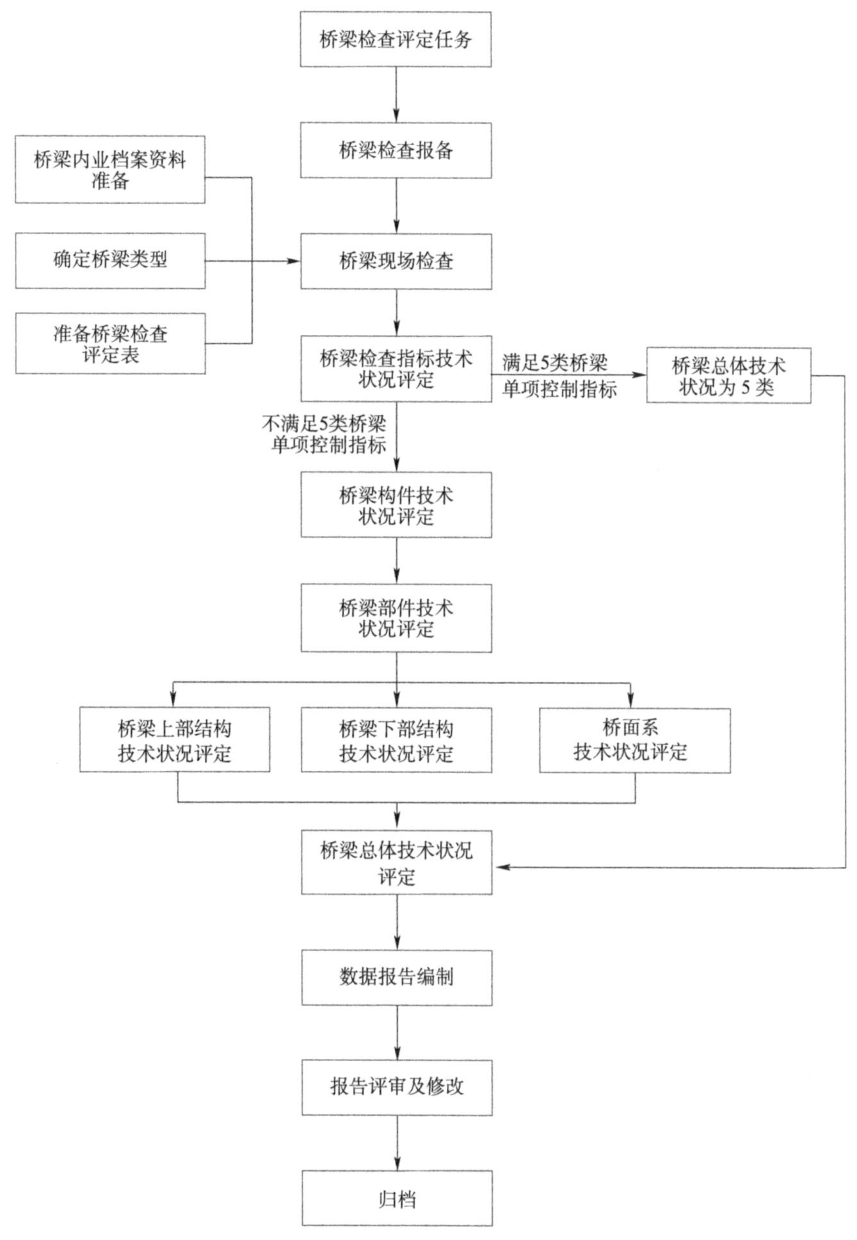

图5-34　桥梁检测评定业务流程图

5.3.2 功能简介

基于上述桥梁检测评定业务流程，开发的公路技术状况管理桥梁子系统，其主要用于高速公路桥梁的信息管理，包括基础数据、各类检测数据、维修数据等，并基于这些数据，系统还提供相关的数据统计分析及报告报表导出功能，系统功能框架如图 5-35 所示。

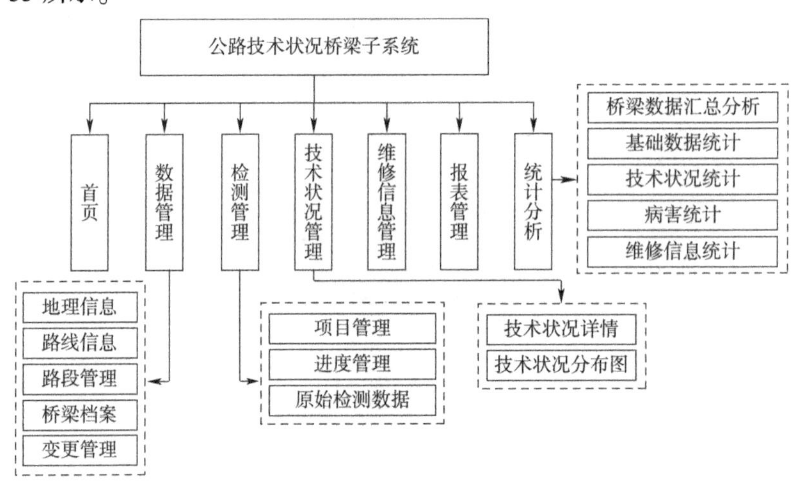

图 5-35 公路技术状况管理桥梁子系统功能框架

(1)首页

首页作为数据窗口，通过丰富的数据看板，使管理者可以清晰地掌握桥梁资产的各类静态和动态数据。包括桥梁数量、检测数量、涉水桥梁数量、技术状况、维修等类型的数据展示，如图 5-36 所示。

(2)数据管理

包括地理信息、路线信息、路段信息、桥梁档案和变更管理等数据，综合展示了桥梁的地理位置和技术状况信息，并提供路线、路段管理，建立了桥梁档案，一桥一档，形成桥梁卡片，支持养护管理者对现场检测情况进行查看，便于在紧急情况下快速针对现场进行指挥部署，如图 5-37 所示。

(3)检测管理

检测管理主要提供桥梁定检项目从发起到数据归档的全闭环管理，包含项目管理、进度管理、原始检测数据等二级功能。其中项目管理用于管理未开始、进行中、完成和归档的项目分类管理；进度管理主要实现当前用户所在单位的所有项目进度的查看，起到项目进度看板的作用；原始检测数据管理，主要提供桥梁检测原始数据的查询与管理,并支持数据的一键导出,如图5-38所示。

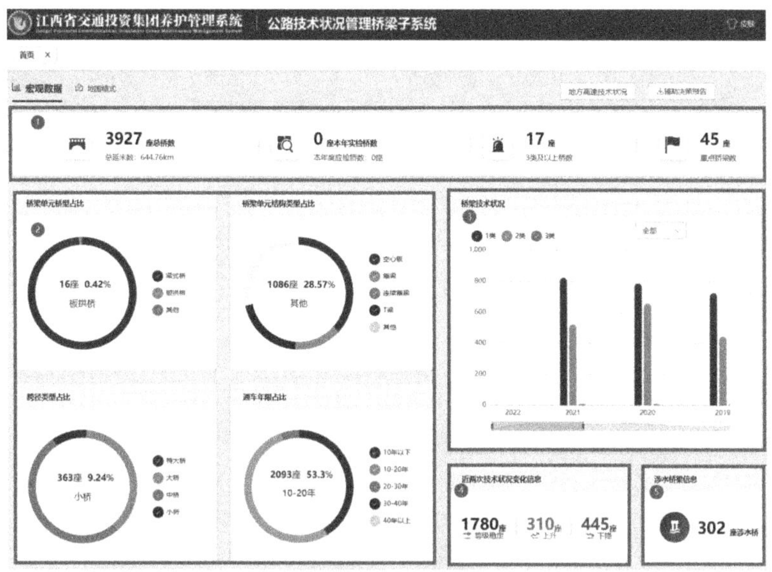

图5-36　系统首页

图5-37　数据管理-路段管理

(4)技术状况管理

该模块支持养护管理者查看桥梁的技术状况详情,包括历年的部构件技术状况数据,如图5-39所示;此外,系统通过统计图的形式,可直观查看各路线上桥梁的技术状况总体分布状况,如图5-40所示。

图5-38 检测管理

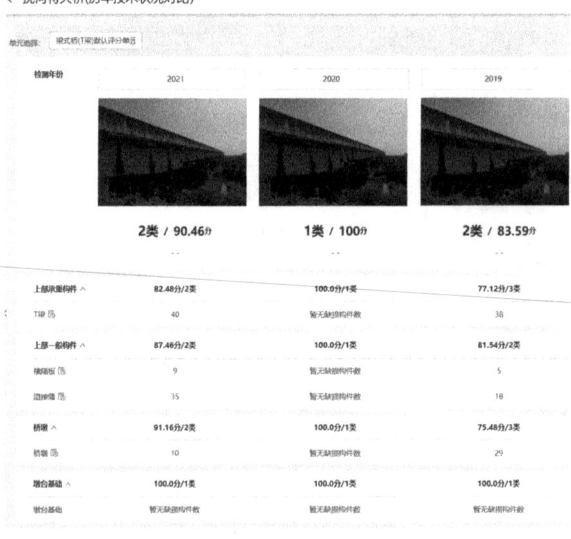

图5-39 历年技术状况对比

(5)维修信息管理

支持对桥梁专项维修信息的数据进行录入和维护,包括自动的桥梁匹配、构件信息关联、构件逐一维修数据、维修方案和维修金额的录入等,如图5-41所示。

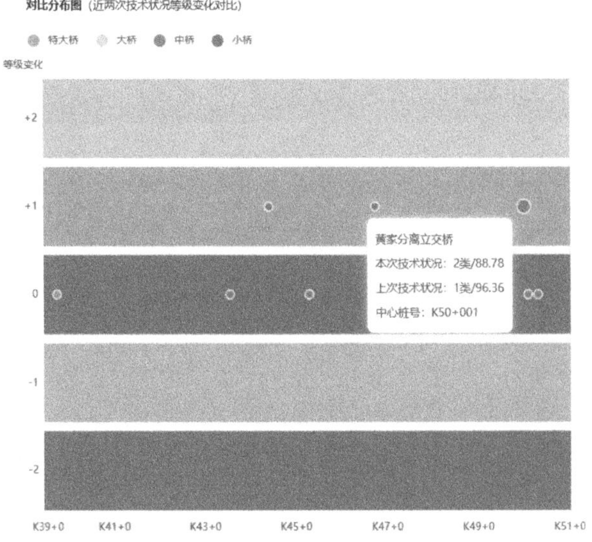

图 5-40　技术状况总体分布图

江西省交通投资集团养护管理系统 | 公路技术状况管理桥梁子系统

维修信息管理

桥梁名称	桩号	桥梁编码	桥梁分类	建成时间	管养单位	路段	路线名称	操作
[illegible]	K23+732	S33361126L0300	大桥	2017	南昌东管理中心	德昌段	上万高速S33	维修详情
吕家中桥	K19+510	S33361126L0310	中桥	2016	南昌东管理中心	德昌段	上万高速S33	维修详情
[illegible]	K17+941	S33361126L0320	大桥	2017	南昌东管理中心	德昌段	上万高速S33	维修详情
[illegible]	K15+444	S33361126L0330	大桥	2016	南昌东管理中心	德昌段	上万高速S33	维修详情
[illegible]	K1+769	S33361126L0430	小桥	2017	南昌东管理中心	德昌段	上万高速S33	维修详情
工业园中桥	K5+127	S33361126L0380	中桥	2016	南昌东管理中心	德昌段	上万高速S33	维修详情
虎山龙水库中桥	K10+799	S33361125L0340	中桥	2016	南昌东管理中心	德昌段	上万高速S33	维修详情
[illegible]	K10+071	S33361125L0350	大桥	2016	南昌东管理中心	德昌段	上万高速S33	维修详情
[illegible]	K8+486	S33361126L0360	大桥	2016	南昌东管理中心	德昌段	上万高速S33	维修详情
[illegible]	K7+714	S33361126L0370	中桥	2016	南昌东管理中心	德昌段	上万高速S33	维修详情
[illegible]	K3+997	S33361126L0410	中桥	2016	南昌东管理中心	德昌段	上万高速S33	维修详情
[illegible]	K4+289	S33361126L0400	中桥	2017	南昌东管理中心	德昌段	上万高速S33	维修详情
[illegible]	K4+589	S33361126L0390	中桥	2016	南昌东管理中心	德昌段	上万高速S33	维修详情
[illegible]	K49+294	S33361129L0130	大桥	2017	南昌东管理中心	德昌段	上万高速S33	维修详情

共 3927 条，197页　1　2　3　4　5　…　197　20 条/页

图 5-41　桥梁维修信息管理

（6）报表管理

主要满足集团在桥梁技术状况、基础数据等相关数据的统计报告、报表的生成与导出需求。系统根据定制化格式的需求，可自动生成对应格式需要的报告报表，

包括交通部公路统计年报、桥梁技术状况评定统计年度报表、集团桥梁数量统计表、桥梁定检报告(年度)及桥梁定期检查项目进度报表等,如图5-42所示。

江西省交通投资集团养护管理系统 | 公路技术状况管理桥梁子系统

报表管理 ×

交通部公路统计年报　桥梁技术状况评定统计（年度）　集团桥梁数量统计表　桥梁定检报告（年度）　桥梁定期检查项目进度报表

报表名称	文件格式	文件大小（KB）	数据最新更新时间	报表年份	操作
交通部公路统计年报（2022）	.xlsx	--	2022-01-05 17:28:00	2022	生成报告
交通部公路统计年报（2021）	.xlsx	968.5	2021-07-26 21:07:27	2021	生成报告　下载
交通部公路统计年报（2020）	.xlsx	977.6	2021-07-28 09:17:42	2020	生成报告　下载

图5-42　报表管理

(7)统计分析

支持对桥梁结构形式、跨径分类、服役年限、功能模型及涉水桥梁等基础数据统计分析,如图5-43所示。同时,系统可基于多种查询条件,对桥梁技术状况、维修信息和各类病害进行数据统计分析,便于查看各类病害占比及发展情况,如图5-44所示。

图5-43　统计分析-基础数据统计

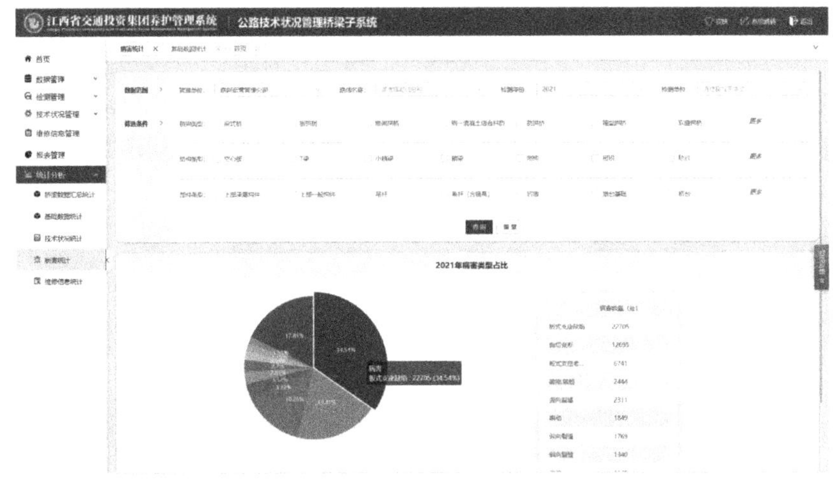

图 5-44 统计分析-病害统计

5.3.3 应用及案例分析

江西天驰公司根据自身业务实际养护需求，于 2020 年 8 月份正式投入使用公路技术状况管理桥梁子系统，对王家山中桥、药湖特大桥进行了检测，实现了桥梁基础数据、检测评定数据、维修数据与相关管理信息的实时汇集，并上传了病害照片，如图 5-45 所示。

图 5-45 原始检测数据

桥梁工程师可以高效便捷地掌握桥梁实际技术状况，并可对整桥、部件、构件的历史病害数据进行追溯、分析，实现桥梁的精细化管理；系统可高效且准确地采集、处理与分析桥梁检测数据，并可按行业规范自动对桥梁技术状况进行评定、自动生成专业检测报告，大幅提升桥梁检测效率、有效降低检测成本，如图 5-46 所示。

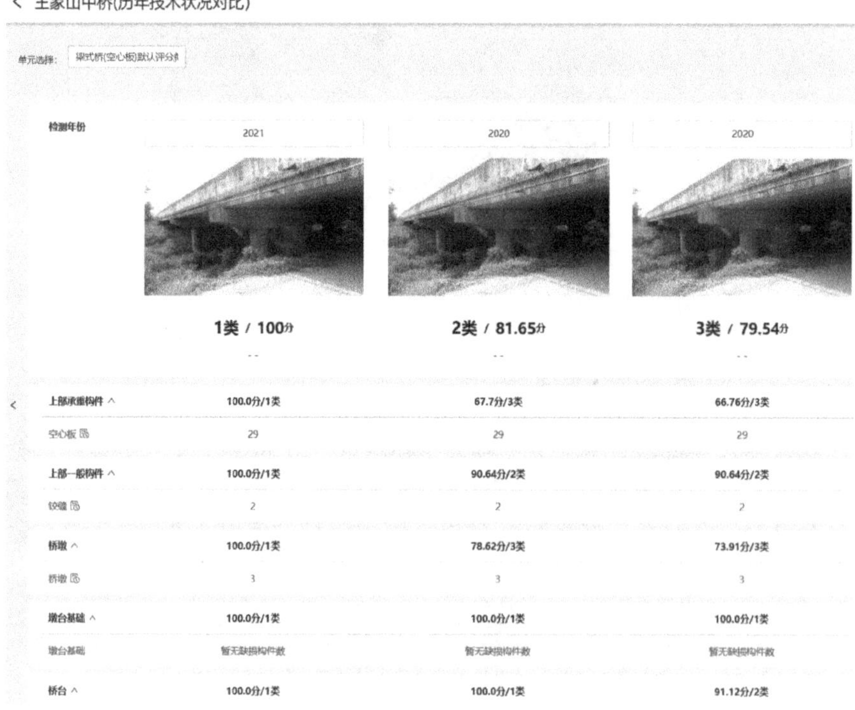

图 5-46　王家山中桥历年检测评定对比

从图 5-46 中可知，系统丰富的检测数据统计分析功能，有力支持了桥梁工程师准确掌握桥梁实际状况，并针对性开展养护工作，使得该桥技术状况评分从 2 类桥的 81.65 分上升到 1 类桥的 100 分。

该系统满足江西天驰公司桥梁检测与技术状况管理工作需求，操作便捷、数据完善、功能齐全，桥梁技术状况管理系统支持江西天驰公司实现高速公路桥梁检测与养护工作的信息化、智能化与规范化，总体应用效果良好。

5.4　养护展示管理子系统

为实现高速公路资产多元数据直观、灵活、多维度的呈现，满足各层级用户从宏观到微观、从静态到动态、从历史到未来全面了解路网运营状况，快速科学决策需求，建设了智慧管养系统养护展示管理子系统。

5.4.1　概述及可视化关键技术

养护展示管理子系统，采用模板模式进行设计，主要包括展示页面区域划分和展示内容统一规范两部分内容。

(1)展示页面区域划分

将展示页面抽象成模板、容器、内容三部分。其中模板定义展示页面的整体效果和布局，是整个展示页面的基本骨架，不同模板往往对应着不同的展示风格和展示布局；容器是包含在模板内的可配置区域，用于承载各种不同展示数据内容；内容则是通过配置的方式在容器内可直接进行展示的部分。模板、容器、内容三者的对应关系如图5-47所示。

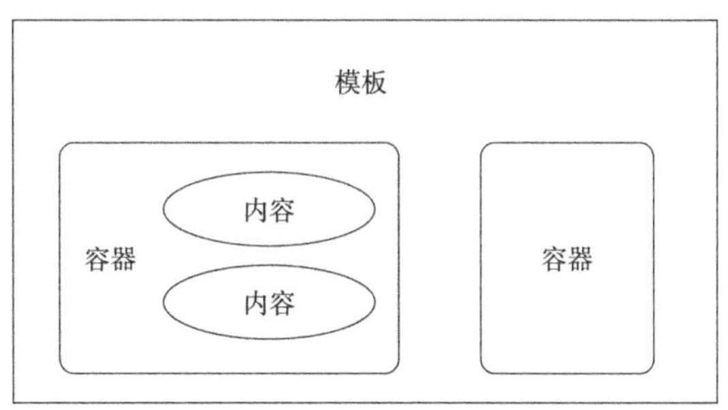

图5-47　展示页面中模板、容器、内容包含关系示意图

由图中可以看到，模板、容器、内容三者是相互包含的关系，一个模板内可以包含多个容器，而一个容器内又可包含多个内容。将展示页面抽象成模板、容器、内容三部分后，即可通过在容器中切换不同的内容来实现展现效果和展示数据的灵活配置。

(2)展示内容统一规范

为实现在容器内可灵活切换不同的展示内容，需要制定统一的展示内容规范，所有内容必须遵循规范来进行设计、研发，从而到达不同展示内容与展示页面的无缝集成，保障展示页面的正常运行。

展示内容统一规范主要包括四部分内容：命名空间原则、闭包原则、完整性原则和事件机制。

①命名空间原则：展示内容中的所有展示渲染元素必须具备唯一性。系统为每个内容分配一个唯一标识，内容中的所有展示渲染元素的命名必须以唯一标识开头，类似“唯一标识_XXX”格式，从而保证内容在展示页面中的唯一性。

②闭包原则:展示内容中的所有逻辑脚本必须遵循闭包原则,逻辑脚本中的常量、变量、方法只能作用在本内容脚本范围内,避免与其他展示内容冲突。

③封装原则:展示内容中的所有逻辑操作对象原则上必须是本展示内容内部的渲染元素,不允许直接操作其他展示内容中的渲染元素。

④事件机制:在展示页面中不同展示内容之间会存在联动情况,在封装原则的约束下,需要提供事件机制,实现不同展示内容间的事件触发和事件广播,其机制如图 5-48 所示。

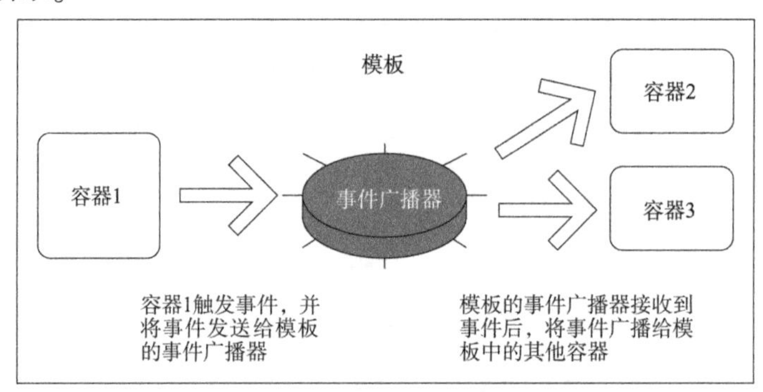

图 5-48　事件触发和事件广播机制示意图

由图可知,容器触发某个事件后,将事件发送给事件广播器,由事件广播器将事件广播给模板中的其他容器。利用事件机制,若容器之间需要联动,则可由容器主动触发一个联动事件,其他容器接收到联动事件后,根据事件执行相应的展现处理逻辑。

(3)功能实现

基于以上技术,智慧管养系统养护展示管理子系统实现了模板管理、内容管理、页面管理,以及人员类型管理等功能。通过直观的拖拽方式为模板配置不同的内容,实现展示内容的灵活配置和切换;同时依据展示内容统一规范,可快速接入符合规范的其他展示内容,丰富系统的展示层次,使系统具备良好的扩展性。

5.4.2　功能简介

智慧管养系统养护展示管理子系统以 GIS 地图为载体,实现高速公路养护信息可视化展示,其核心功能包括以下 3 点:

(1)资产一张图:基于 GIS 地图,结合图形图表,直观呈现公路、桥梁、隧道等公路资产的基础信息、技术状况、养护历史等数据。

(2)管养可视化:路网资产概况、公路技术状况、养护辅助决策、日常养护管理等信息，随图表呈现，并提供丰富的图层和多维度选择，展示视角更加精准。

(3)灵活自定义：便捷、灵活的展示布局、展示内容、展示样式自定义功能，满足多用户、多角度、多场景下的数据分析需求。

图5-49是养护展示平台的功能架构。

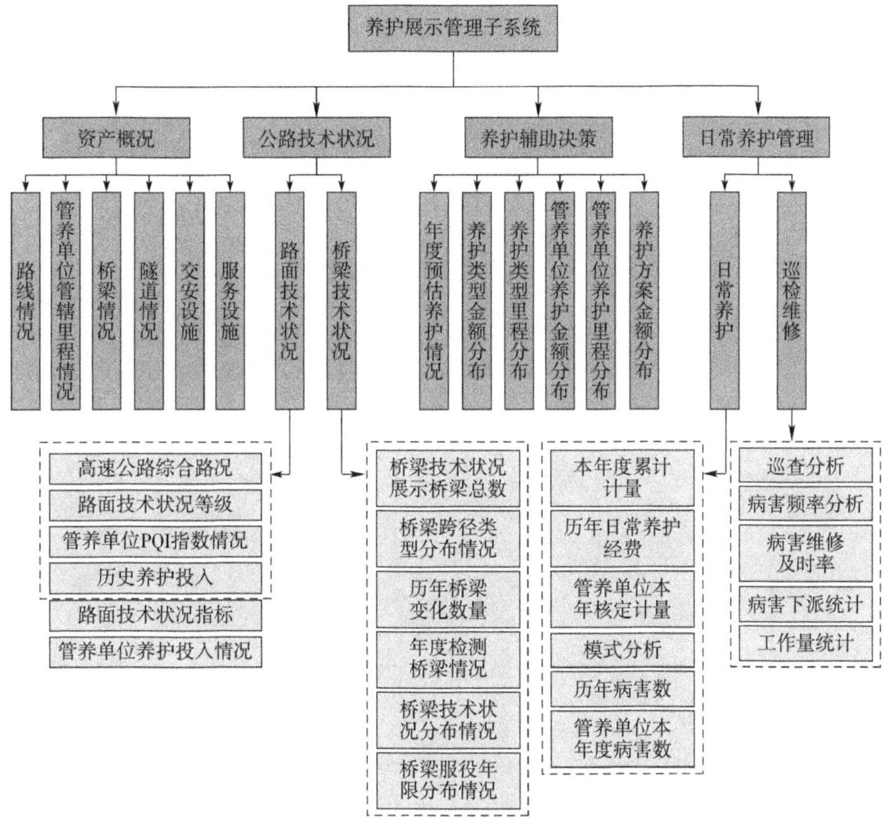

图5-49 养护展示管理子系统功能框架

(1)资产概览展示路线情况、管养单位管辖里程情况、桥梁情况、隧道情况、交安设施和服务设施，并在GIS地图上进行加载显示，如图5-50所示。

(2)公路技术状况展示包括路面技术状况和桥梁技术状况。其中，路面技术状况展示高速公路综合路况、路面技术状况等级、管养单位PQI指数情况、历史养护投入、路面技术状况指标和管养单位养护投入情况，如图5-51所示；桥梁技术状况展示桥梁总数、桥梁跨径类型分布情况、历年桥梁变化数量、年度检测桥梁情况、桥梁技术状况分布情况、桥梁服役年限分布情况等，如图5-52所示。

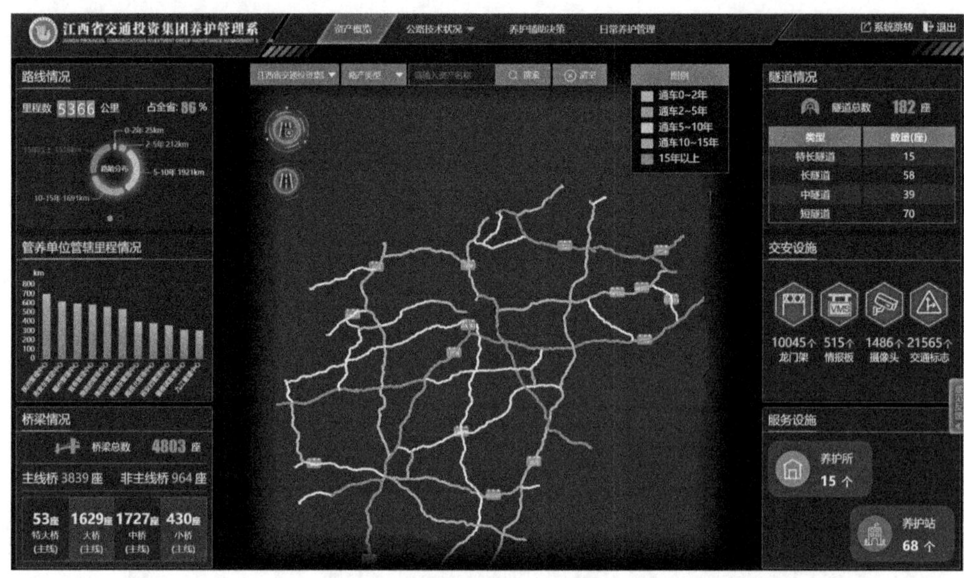

图 5-50 资产概览展示

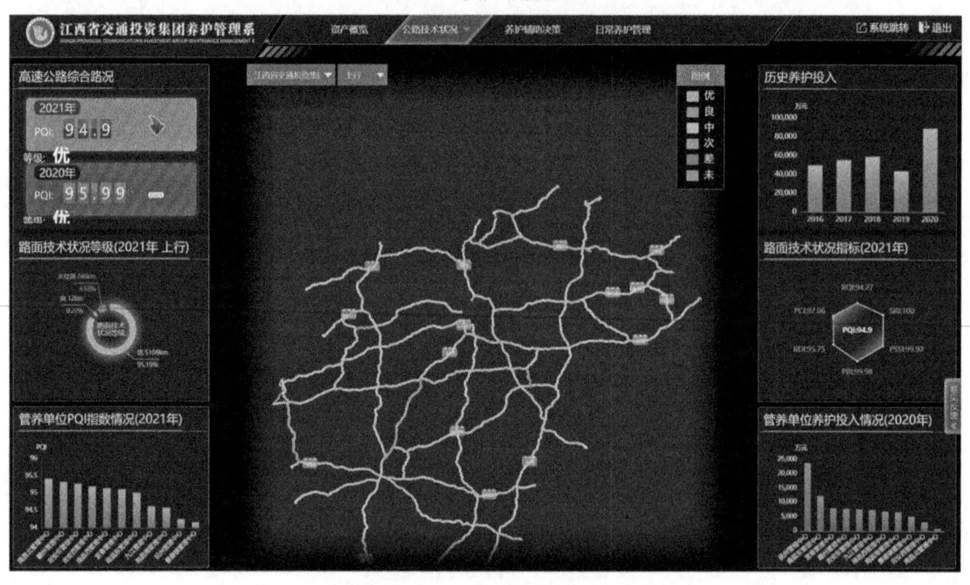

图 5-51 公路技术状况展示

(3)养护辅助决策展示年度预估养护情况、养护类型金额分布、养护类型里程分布、管养单位养护金额分布、管养单位养护里程分布、养护方案金额分布等内容，如图 5-53 所示。

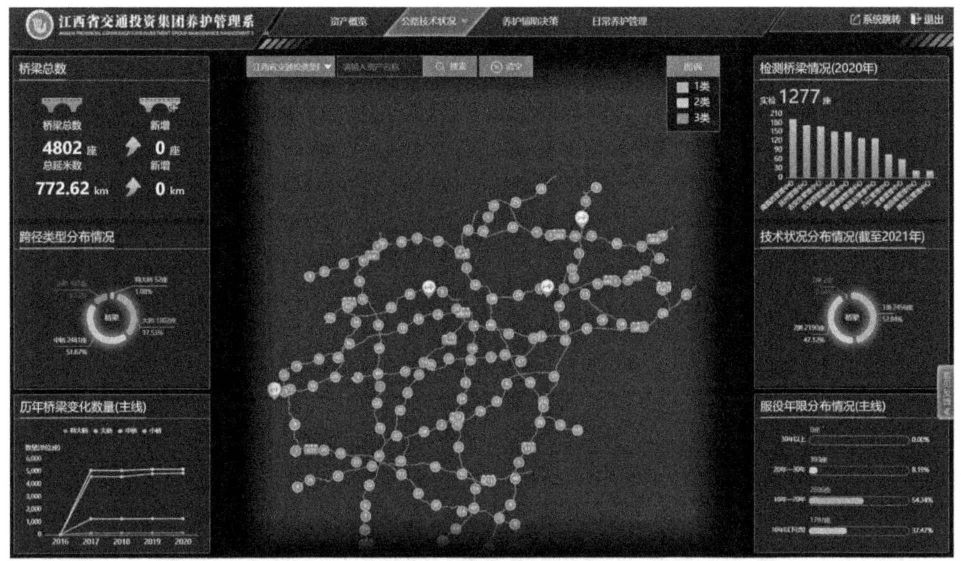

图 5-52 桥梁技术状况展示

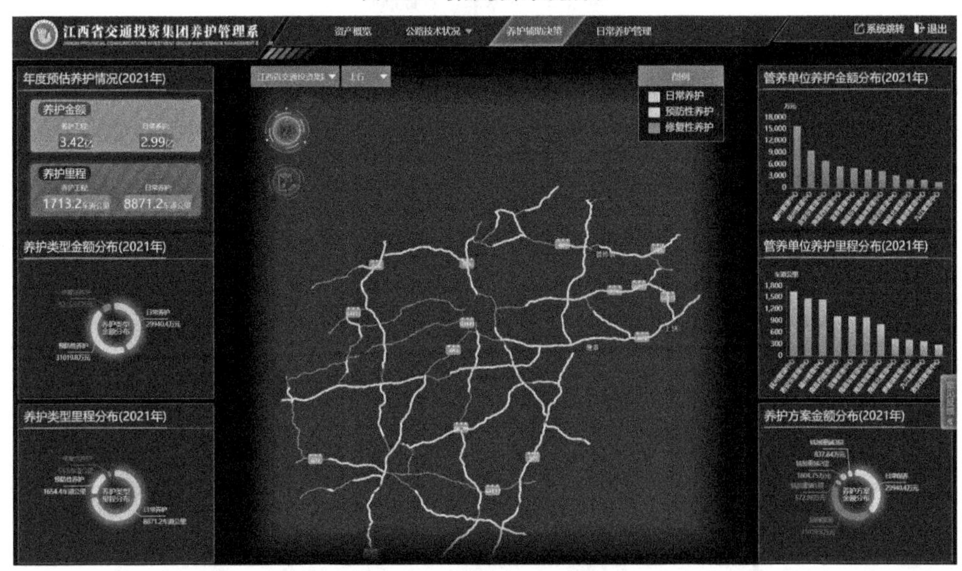

图 5-53 养护辅助决策展示

(4)日常养护管理展示本年度累计计量、历年日常养护经费、管养单位本年度核定计量、模式分析、历年病害数、管养单位本年度病害数等内容,如图 5-54 所示;此外,通过巡检维修,综合展示巡查分析、病害频率分析、病害维修及时率、病害下派统计、工作量统计,如图 5-55 所示。

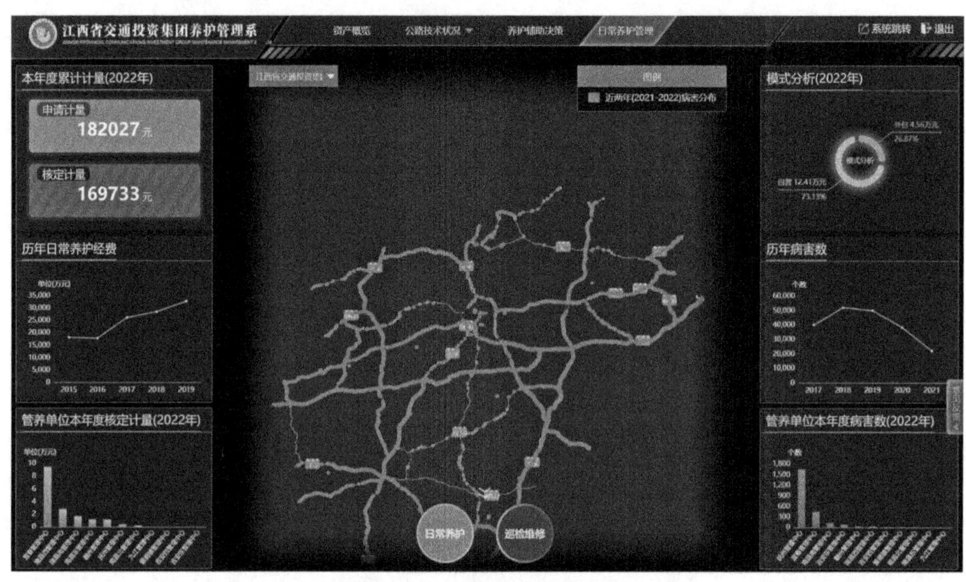

图 5-54　日常养护管理展示

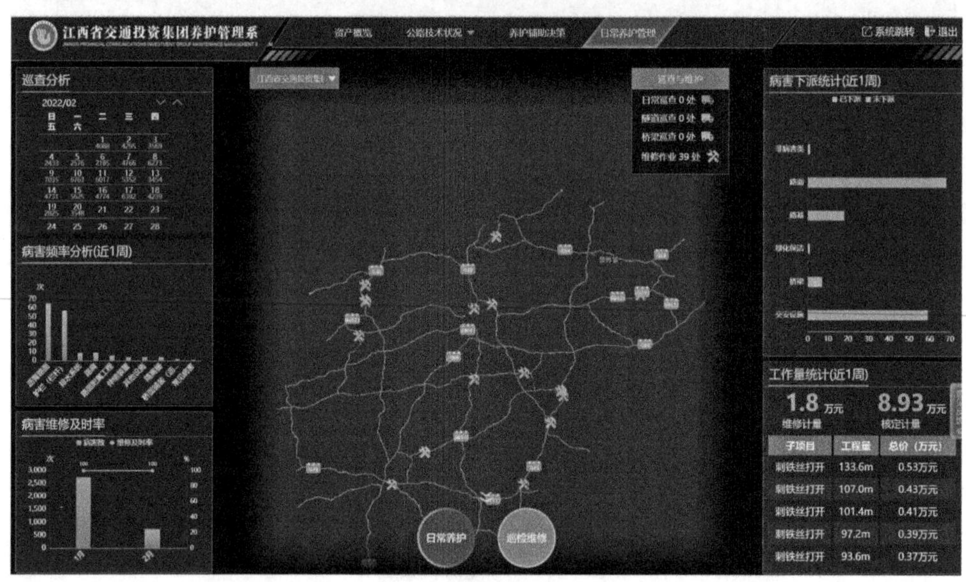

图 5-55　巡检维修展示

5.4.3　应用及案例分析

图 5-56 是 2021 年度养护辅助决策应用综合展示，在养护金额预估方面，系统

结合路网实际状况，养护工程预估 3.42 亿元，日常养护预估 2.99 亿元，占比分别为 53.4% 和 46.6%，其中，养护工程又分为修复性养护和预防性养护两大类，占比分别为 9.4% 和 90.6%。

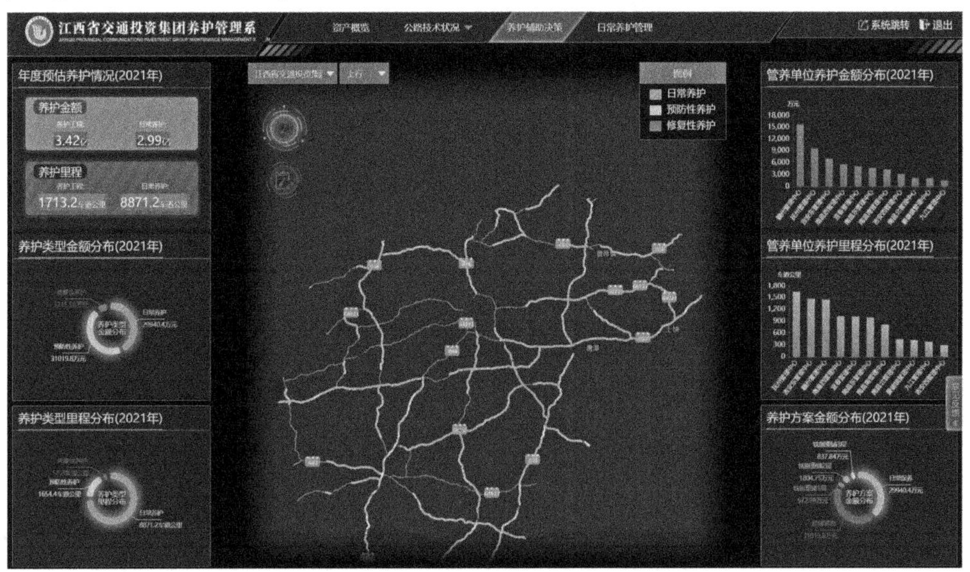

图 5-56 养护辅助决策展示

系统对养护类型里程分布情况进行统计并在 GIS 地图中以不同的颜色的线型进行区分展示。以 2021 年集团各养护类型里程统计分析为例，日常养护总里程占比为 83.8%，预防性养护总里程占比为 15.6%，修复性养护总里程占比最小，仅为 0.6%，如图 5-57 所示。

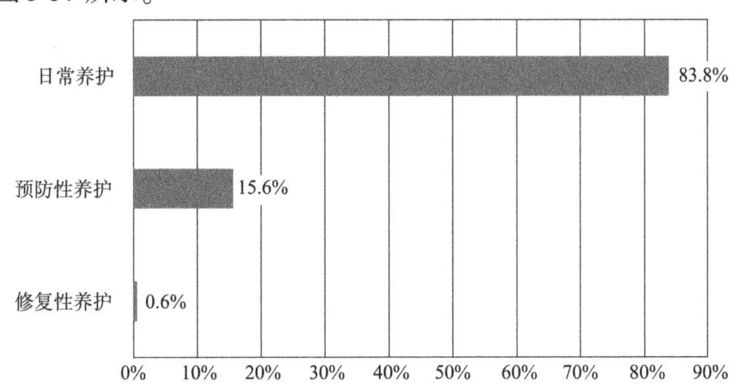

图 5-57 2021 年养护类型里程分布分析

此外，系统可以直观展示各管养单位养护金额分布及养护里程分布情况。以

2021 年养护信息为例,在养护金额方面,赣州管理中心占比最大,九江管理中心占比最小;在养护里程分布方面,抚州管理中心占比最大,吉安管理中心占比最小。

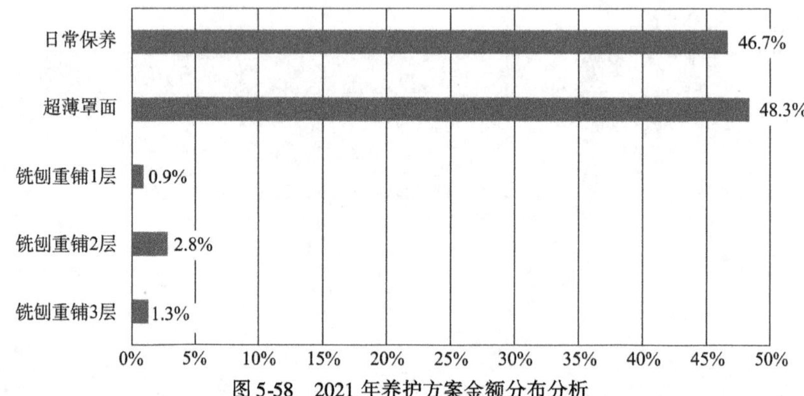

图 5-58　2021 年养护方案金额分布分析

最后,系统针对不同养护方案金额分布进行了统计并展示。以 2021 年养护方案金额分布为例,超薄罩面方案金额占比最高,为 48.3,其次是日常保养方案,占比为 46.7%,占比最低的养护方案为铣刨重铺 1 层,仅为 0.9%。

该系统满足养护综合展示系统对路产信息、公路技术状况、养护辅助决策、日常养护管理等高速公路养护业务相关数据进行可视化、多层次、多维度的整合和展示,帮助集团对养护工作进行全面把握、精细管理和精准服务,系统总体应用效果良好。

第6章　创新技术试点应用

6.1　道路病害智能巡查技术

集人工智能、图像识别、物联互联等信息化技术于一体的道路病害智能巡查技术，可为高速公路养护巡查业务提供一种便捷、安全、高效的作业方案，从而实现道路病害的自动化、智能化巡查，在降低高速公路养护成本的同时，延长其使用周期。

6.1.1　技术简介

6.1.1.1　技术应用背景

随着江西省高速公路路网的逐渐完善，全省高速公路里程规模已多达6309公里，与此同时，高速公路日常养护巡查内容复杂繁多，主要包括保洁、路面、路基、桥隧构造物、交通安全设施、绿化以及公路附属设施等，这势必给高速公路养护巡查工作带来巨大的挑战。因此，为保证高速公路交通安全和公众出行通畅舒适，高速公路管养单位需实时全面了解其辖区内的高速公路运营情况，做到早发现早处理。

传统的高速公路养护巡查主要运用人工采集、纸质记录、手工文件往来与存档等模式，当巡查内容复杂繁多时，较为乏力且效率低下。此外，由于工作人员需沿着高速公路上下行方向循环往复的观察，极易产生视觉疲劳，从而导致巡查结果出现偏差，不仅巡查效率低下，安全性也无法保障，在增加人力成本投入的同时，影响巡查质量。

近几年，国内出现了不少养护巡查App用于辅助工作人员完成养护巡查工作，虽在一定程度上提升了工作规范性和效率，但是养护巡查App大多数工作还需要通过人工输入，养护管理效率和巡查安全性并没有得到较大的改善。

基于上述问题，急需开展道路病害智能巡查技术的研究和应用，拟通过图像识别技术实现道路病害的自动化识别，再结合高速公路养护巡查业务场景，实现道路病害智能巡查。

6.1.1.2　道路病害智能巡查技术原理

道路病害智能巡查系统主要由前端采集设备+后台服务端构成。其中，采集设备安装在巡查车辆上，对道路路面自动进行全方位拍摄，以达到快速和高频次采集影像的目标。将获得的原始图片数据上传至后台服务端做识别分析处理。通过图像智能识别发现各类可见的病害和缺陷，比如路面龟裂、裂缝、坑槽、车辙等路面病害，并可通过具体的量化分析算法计算病害面积。后台服务端为用户提供 Web 端展示页面，辅助集团、路网以及各管理中心相关人员动态掌握道路巡查情况，并及时下发病害维修通知，确保高速公路维持良好的运营状态。前段采集设备如图 6-1 所示，技术架构如图 6-2 所示。

图 6-1　前段采集设备示意

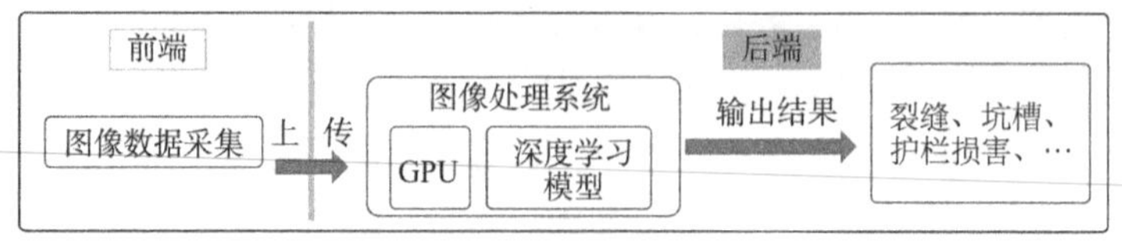

图 6-2　技术架构

(1)建立高速公路病害图像样本数据集

①常见病害梳理

为实现病害的自动化识别，首先需要梳理高速公路基础设施常见病害，例如裂缝、坑槽、护栏板损坏等，接着将病害进行分类，并建立病害基础信息库，为标注图像病害信息提供支撑。

②病害图像预处理

由于通过图像采集技术获得的高速公路图像长短、数量、形状各异，并且摄像头提取的图像可能会受到光照以及路面杂物等环境情况的影响，给后续的病害特征提取和分类带来较大的困难,因此,本技术需要对病害图像进行预处理。常用预处理方法包括图像分割、尺度归一化、去噪、增强等操作,具体流程如图 6-3 所示。

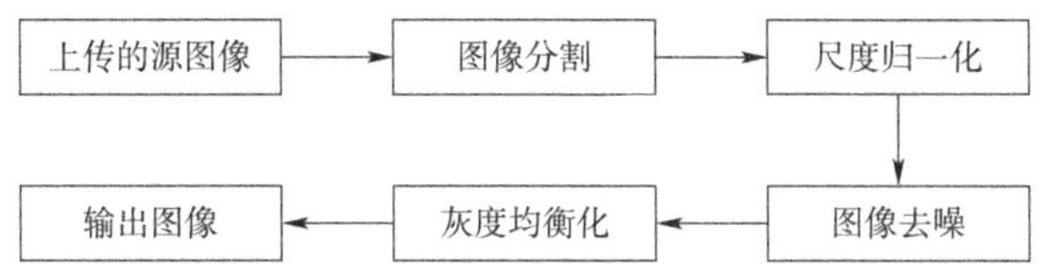

图 6-3 病害图像预处理流程

③建立公路病害图像样本集和测试集

为实现病害图像的自动化识别,在完成病害图像预处理后,道路病害智能巡查技术需先建立常见病害的训练样本集以及测试集。为智能识别图像中的病害位置以及病害的面积,需事先标注出病害的位置。常用的图像标注方法有分类标注、标框标注、区域标注、秒点标注等,用于标注出相应的病害,并计算病害的面积和周长。

(2)获取病害图像

为获取高速公路基础设施病害图像数据,本技术安装了车载公路病害图像采集设备,其主要由高清工业相机、图像预处理模块以及通讯模块组成,用于完成病害图像采集、图像预处理模块、实时回传云端三个功能。病害图像采集流程如图 6-4 所示。

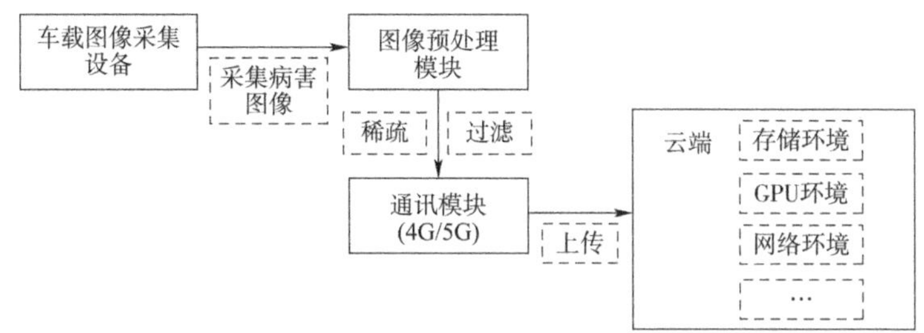

图 6-4 公路病害图像采集流程

(3)自动识别高速公路常见病害

本技术通过在具备边缘计算能力的 AI 芯片上搭建深度学习框架,将病害样本集输入选择好的神经网络模型进行训练,得到较优的深层神经网络模型,然后将该模型和训练集作为深度学习框架的输入继续进行训练,最终得到最优的病害检测神经网络模型。训练流程如图 6-5 所示,图中 tensorflow 框架仅为示例。

得出模型后,即可利用模型完成对公路路面病害特征的提取,并划分病害类型,从而实现病害的自动化识别,流程如图 6-6 所示。

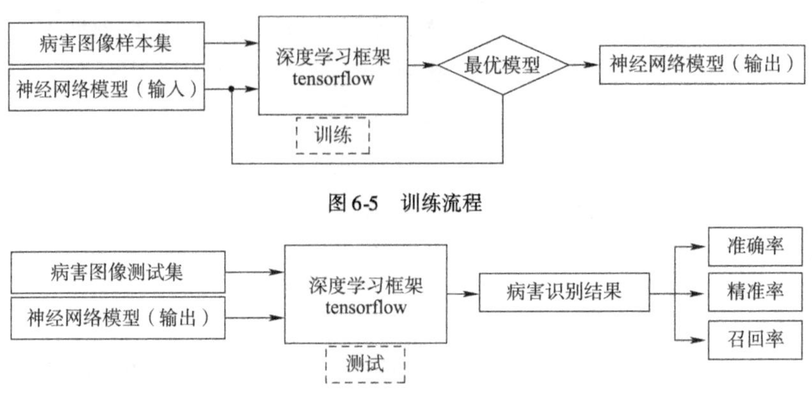

图 6-5　训练流程

图 6-6　识别流程

(4)量化分析高速公路常见病害

在完成病害识别后,下一步进行病害量化分析。量化分析主要用于量化病害区域,计算出病害的面积。由于在图像采集的过程中,相机的采集角度是固定的,采集前会建立图像坐标与地面坐标的关系,计算相应的换算比例即一个图像像素点对应的实际面积。在此基础上,通过对不同时间维度获取的公路病害图像进行量化分析,可进一步分析病害的变化情况,进而预测病害发展趋势。

6.1.2　案例分析——江西省路网智能养护巡查系统应用

(1)试点路段

试点路段包含省际高速公路四条,分别为 G35 济广高速、G45 大广高速、G60 沪昆高速、G70 福银高速四条高速的部分路段,省级高速公路六条,分别为 S38 昌栗高速、S42 东昌高速、S43 抚州东外环、S46 金抚高速、S81 铜万高速、S89 上莲高速六条的部分路段。试点总里程 714 公里,车巡里程 18211.734 公里,巡查时间为 2021 年 3 月 25 日至 9 月 15 日,平均单日巡查里程 95.34 公里。巡查路段信息如表 6-1 所示。

江西省路网智能养护巡查系统试点巡查路段信息　　表 6-1

路段名称	起　点	终　点	里　程
G35 济广高速	K1142 鹰潭收费站	K1311 广昌收费站	169 公里
G45 大广高速	K2767 洞村互通	K2857 银湾桥服务区	90 公里
G60 沪昆高速	K850 新余互通	K960 萍乡互通	110 公里
G70 福银高速	K347 朱洋服务区	K464 临川互通	117 公里
S38 昌栗高速	K142 万载收费站	K230 上栗枢纽	88 公里

续上表

路段名称	起　点	终　点	里　程
S42 东昌高速	K29 太阳枢纽	K35 罗湖互通	6 公里
S43 抚州东外环	K2 太阳枢纽	K22 金抚高速	20 公里
S46 金抚高速	K47 金溪枢纽	K85 抚州南枢纽	38 公里
S81 铜万高速	K25 袁州枢纽	K101 黄岗互通	76 公里

(2)试点应用效果

巡查设备及巡查应用效果如图 6-7 和图 6-8 所示。路段总巡查,共发现病害数 17903 处,其中:裂缝 11807 处,网状裂缝 680 处,坑槽 5416 处,分布到各个路段结果如表 6-2 和图 6-9 所示。管理人员可随时随地在 web 端查看当前日常养护巡查结果,并对需要及时维修的病害下发维修通知,如图 6-10 所示。

图 6-7　采集设备实景图

图 6-8　病害识别示例图

巡查路段病害情况汇总表　　表 6-2

路段名称	裂缝	网状裂缝	坑槽	合计	里程(km)	每百米病害数
G35 济广高速	6580	530	3574	10684	169	6.32
G45 大广高速	158	5	27	190	90	0.21
G60 沪昆高速	417	13	77	507	110	0.46
G70 福银高速	4434	123	1686	6243	117	5.34
S38 昌栗高速	33	0	6	39	88	0.04
S42 东昌高速	4	0	4	8	6	0.13
S43 抚州东外环	5	0	8	13	20	0.07
S46 金抚高速	81	9	28	118	38	0.31
S81 铜万高速	95	0	6	101	76	0.13

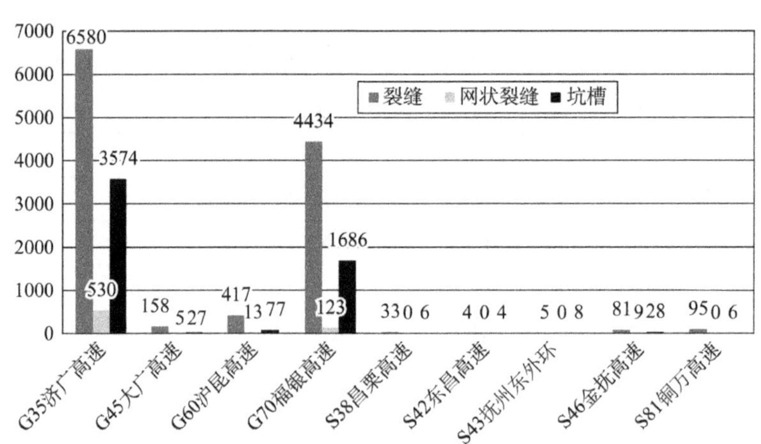

图 6-9　路面病害情况汇总

序号	路段	病害部位	病害类型	病害名称	发现时间	桩号	位置-方向	损坏程度
1	G35济广高速鹰瑞北段K1195...	路面	沥青路面	横向裂缝	2021-11-26	K1239+488.6~K1239+488.6	主线-上行	重
2	G35济广高速鹰瑞北段K1195...	路面	沥青路面	横向裂缝	2021-11-26	K1238+713.3~K1238+713.3	主线-上行	重
3	G35济广高速鹰瑞北段K1195...	路面	沥青路面	横向裂缝	2021-11-26	K1238+688.2~K1238+688.2	主线-上行	重
4	G35济广高速鹰瑞北段K1195...	路面	沥青路面	横向裂缝	2021-11-25	K1204+672.1~K1204+672.1	主线-上行	重
5	G70福银高速温沙段K347+0...	路面	沥青路面	横向裂缝	2021-11-25	K363+717.32~K363+717.32	主线-上行	中
6	G70福银高速温沙段K347+0...	路面	沥青路面	横向裂缝	2021-11-25	K363+717.32~K363+717.32	主线-上行	重
7	G70福银高速温沙段K347+0...	路面	沥青路面	横向裂缝	2021-11-25	K363+535.52~K363+535.52	主线-上行	重
8	G70福银高速温沙段K347+0...	路面	沥青路面	横向裂缝	2021-11-25	K356+905.94~K356+905.94	主线-下行	重
9	G35济广高速鹰瑞北段K1195...	路面	沥青路面	横向裂缝	2021-11-25	K1228+823.1~K1228+823.1	主线-上行	中
10	G35济广高速鹰瑞北段K1195...	路面	沥青路面	横向裂缝	2021-11-25	K1228+823.1~K1228+823.1	主线-上行	重

图 6-10　web 端页面应用效果

此次试点应用高效地完成了高速公路日常巡查工作，上报巡查结果，实时性较高，准确率达 90% 以上，可满足日常养护巡查基本需求。道路病害智能巡查技术改变了原有的工作模式，与以往人工徒步每小时只能完成约 1.5 公里的高速公路巡查相比，现在的“智能机器人”每小时可完成约 100 公里的巡查，速度提升了 60 倍以上，并且过程中无需巡查人员下车目视巡检，极大提高了作业安全性，也降低了对日常养护巡查人员的专业技术要求。

同时，通过对智能巡查技术采集的高频海量数据进行大数据分析，能有效合理科学地辅助养护决策、优化资源分配，科学地指导预养护的切入时机、运用先进预养护技术，从而增加道路使用寿命。

6.2 BIM + VR 技术

5G、深度学习等人工智能技术的兴起,有效地促进了可视化技术的发展,其更准确、更高效、更智能地感知、计算和分析海量工程大数据这一特点,使得可视化技术成为工程管理的又一个革命性信息技术。当前面向工程管理可视化技术主要包括:计算机视觉(CV)、增强现实(AR)与虚拟现实(VR)、建筑信息模型(BIM)、地理信息系统(GIS)、图可视化技术,本次创新试点应用采用 BIM + VR 技术。

6.2.1 技术简介

(1)建筑信息模型(BIM)技术

BIM 的技术核心是将建筑信息三维可视化,并用数字表示设施的物理和功能特征。它提供了一个共享的设施信息知识资源,方便用户在整个项目生命周期内的使用、维护和拓展开发。BIM 包含了建筑物从设计、施工、运维各个阶段的信息,且具有计算、协同、共享和可视化等功能,可以通过数字化技术来实现建筑信息的集成,推动工程管理模式从粗放式到精细化转变。此外,BIM 应用场景还扩展到工程分析以及其他各种建筑业务,包括计划、成本、质量、可访问性、安全、物流、培训、可持续性等。

(2)虚拟现实(VR)技术

VR 的技术核心是使人在计算机所创造的虚拟世界中通过语言动作等方式进行实时交流。目前,VR 在实际工程管理中的应用还处于初期阶段,尚面临众多挑战,例如,VR 使用不方便、无法实时处理大量数据、易受到外界环境干扰等,而深度学习、5G 等人工智能技术与 VR 结合,有望实现数据的实时采集与分析。VR 培训平台整体开发框架如图 6-11 所示。

(3)BIM + VR 技术

利用基于 BIM + VR 的三维可视化技术,将 BIM 的三维模型映射到虚拟现实平台上,便于工作人员通过 VR 技术查看大量的数据、运营信息,并通过计算机模拟突发情况,提前制订应急预案,有利于辅助高速公路运营、管理、养护专业教学和培训。

6.2.2 案例分析——基于 BIM + VR 火灾应急疏散培训及工程养护数据可视化系统

2020 年 7 月,依托于两套移动式 VR 浸入式体验设备以及累计 50 余人次的体验及培训，江西省交通投资集团路网运营公司将虚拟现实技术与江西高速日常管养工作相结合，以江西省高速公路井冈山隧道 BIM 模型为基础建立 VR 虚拟空间，并以这个虚拟空间为载体，建设了基于 BIM + VR 的隧道火灾应急疏散培训系统和基于 BIM + VR 的隧道工程养护数据可视化系统，如图 6-12 所示。

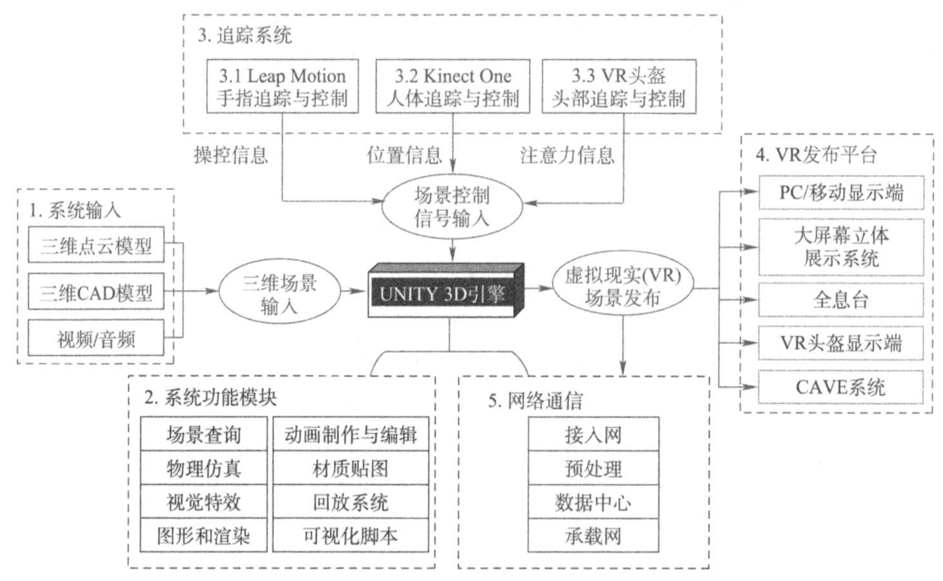

图 6-11　VR 培训系统整体框架

图 6-12　隧道 VR 培训系统界面

(1)基于 BIM + VR 的隧道火灾应急疏散培训系统

该培训系统，在隧道发生火灾时，针对隧道后端管理人员、隧道一线应急人员、危险物品货车驾驶员和长途汽车乘客分别制订了相应的应急处置及疏散培训。培训内容包括处理违章事故和处理紧急事故两项。通过模拟打开隧道广播、填写监控室值班记录、隧道司乘人员紧急汇报等形式，对隧道运营、使用人员进行综合火灾应急培训。

项目搭建了针对高速运营管理领域的专业化，多场景，多用户的沉浸式 VR 安全培训环境，不仅限于体验，通过培训使隧道内工作人员和管理者在应对隧道火灾事故时能各司其职，将隧道火灾造成的人员伤亡与经济损失降到最低。并首次提出了 VR 考核场景，在不提供提示的前提下，随机出现隧道火灾场景，让用户独立完成考核，旨在让用户可以正确、完整地将培训内容牢记于心，当面对真正的隧道事故时，也能从容面对（图 6-13）。

图 6-13　隧道后端管理人员 VR 培训界面

（2）基于 BIM + VR 的隧道工程养护数据可视化系统

该系统利用 BIM 技术建成井冈山隧道数字孪生模型初级形态，将隧道整体状况技术评定资料、井冈山隧道基础数据表、井冈山隧道经常性检查表、井冈山隧道定期检查报告等实体养护数据进行可视化模拟展示，使用者可在办公室内借助 VR 设备在虚拟现实世界中查看井冈山隧道的整体运营情况以及各种养护数据，达到超越沉浸式的数据可视化体验（图 6-14）。

（3）试点应用效果

BIM + VR 技术是可视化技术的在隧道管理上的一个创新性探索试点应用，该平台通过 BIM 技术建立基础设施的数字模型，并辅助 VR 沉浸式技术，搭建了隧道火灾应急演练培训平台和隧道数据可视化系统,其实现了:在虚拟现实环境中的隧道内火灾事故应急处置与疏散;在 VR 环境下观察隧道整体运营情况和各种养护数据,并具备以下优势:

①低成本的培训工具;

②零风险的培训内容;

③高真实度的虚拟环境;

④高沉浸度的数据可视化体验;

⑤强互动性的平台设计。

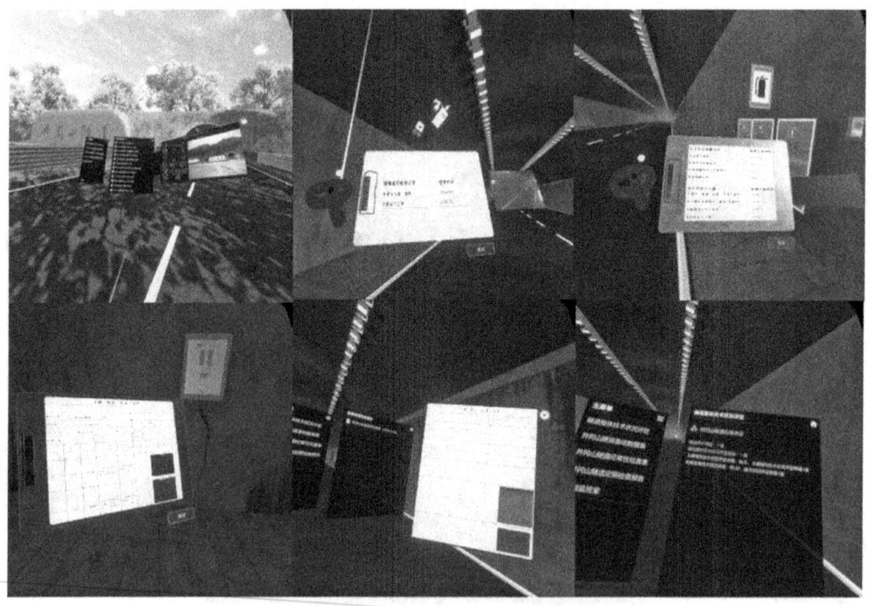

图 6-14 隧道工程养护数据可视化系统界面

通过本技术的应用,有效降低真实环境中演练的时间成本与安全风险,实现了大范围的隧道应急演练培训与隧道内设备科普,有利于辅助高速公路运营、管理、养护专业教学和培训。

6.3 电子信息桩

6.3.1 技术简介

电子信息桩是智慧管养系统中的功能试点内容之一。其是查询高速公路资产相关信息的一种新型模式,将集团所管辖的高速公路进行分段,以固定距离为单位安放路侧二维码,用户通过使用微信小程序扫描路侧二维码获取高速公路相关信息。

电子信息桩的用户范围分为社会人员和养护人员两类。不同用户类型扫描二维码获取的信息不一致。社会人员扫描二维码只能查看当前位置、路线、桩号、管理单位及附近的救援电话信息。

养护人员扫描二维码后还可查看当前位置路面、桥梁等路产的专业信息。其中路面电子信息桩主要展现当前桩号路面的基本信息、路面层信息、检测信息和养护维修信息。检测信息展现路面的技术状况检测评分和等级数据,可分别查看最近检测数据和历史检测数据,并根据历史检测数据进行技术状况检测指标的变化趋势对比分析。桥梁电子信息桩主要展示桥梁的基本信息、结构信息和病害信息。病害信息分别从病害类型和病害部件两个维度来进行统计,通过统计图钻取可查看病害明细记录信息。

6.3.2　案例分析——南昌绕城高速电子信息桩试点

电子信息桩的试点范围为:G6001 南昌绕城高速 K19 +000 至 K23 +000 双向共 8km,其中含西熊分离立交、赣江南支特大桥等 2 座桥梁。

将制作好的二维码按照桩号安装至公路或桥梁对应桩号路侧,原则上每隔 500m 安装一个二维码。高速公路路面的二维码安装至整公里或 500m 桩号处;桥梁首尾各安装一个二维码,中间桥面每隔 500m 安装一个,表 6-3 是整个试点公路的电子信息桩二维码清单,图 6-15 是上行 K22 +500 路侧二维码。

电子信息桩二维码清单　　表 6-3

序号	路产类型	路产编码	路产名称	路幅	桩号
1	路面	G6001	南昌绕城高速	上、下行	K23 +000
2	路面	G6001	南昌绕城高速	上、下行	K22 +500
3	路面	G6001	南昌绕城高速	上、下行	K22 +000
4	桥梁	G70360121L0730	西熊分离立交	上、下行	K21 +860
5	桥梁	G70360121L0730	西熊分离立交	上、下行	K21 +764
6	路面	G6001	南昌绕城高速	上、下行	K21 +500
7	路面	G6001	南昌绕城高速	上、下行	K21 +000
8	桥梁	G70360121L3010	赣江南支特大桥	上、下行	K20 +814
9	桥梁	G70360121L3010	赣江南支特大桥	上、下行	K20 +500

续上表

序号	路产类型	路 产 编 码	路 产 名 称	路幅	桩号
10	桥梁	G70360121L3010	赣江南支特大桥	上、下行	K20 +000
11	桥梁	G70360121L3010	赣江南支特大桥	上、下行	K19 +500
12	桥梁	G70360121L3010	赣江南支特大桥	上、下行	K19 +286
13	路面	G6001	南昌绕城高速	上、下行	K19 +000

图 6-15 上行 K22 +500 路侧二维码

通过扫描图 6-15 中的二维码,获得的 K22 +500 路产电子信息如图 6-16 所示,包括附近救援点、管理单位、位置、桩号、路产名称及电话。

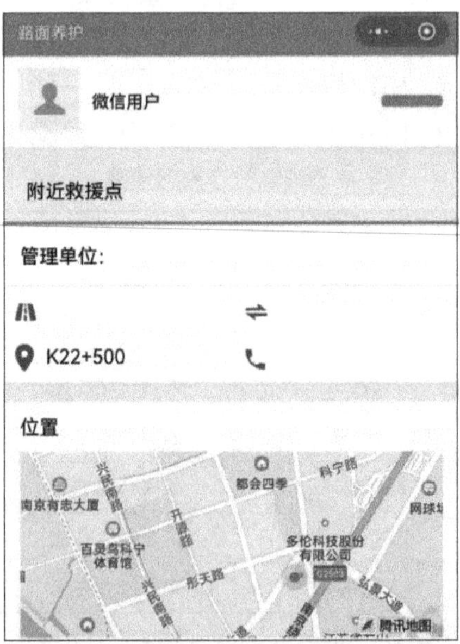

图 6-16 社会人员二维码获取信息示意图

第7章 江西省高速公路智慧管养系统运维管理

江西省高速公路智慧管养系统建设完成并上线投产后,并不意味着其就此达到了绝对完美、绝对理想的程度,完善与优化会存在于智慧管养系统的全生命周期。围绕系统高速、高效运转必须配置专业的业务和技术运维队伍,时刻保障业务连续性;将系统建设成效发挥到极致,运维服务团队是一个不可或缺的保障力量。本书在这里所谈的运维不单纯指的是系统投产后的技术运维,还有对各类业务与技术应用问题的综合解决和保障的过程。

智慧管养系统是一个较为复杂的业务支撑与风险控制体系,业务流程与风控节点众多,管理着高速公路从路产采集到注销的业务过程,并且这个体系需要不断的优化和演变以适应行业、管理的变化。尽管系统上线前经过了业务人员的充分测试,但是,新系统上线仍然可能存在个别的业务场景不具备、个别的流程不通畅、个别的控制不完善等小问题,很难做到面面俱到、绝对完美、毫无缺陷。对此,江西交通集团根据自身的时间经验认为:智慧管养系统上线后,快速组建一支强有力的既懂系统操作和开发,又懂业务规则和风险管理的运维服务队伍,保障高速公路养护业务在线办理是极为必要的。

7.1 运维目标及内容

智慧管养系统一期目前由养护统一管理平台、路产可视化服务平台和养护展示管理平台、养护数据管理中心、日常养护管理子系统、路面养护辅助决策分析子系统和公路技术状况管理子系统等6个系统组成,后续仍会有多个子系统完成上线投产。智慧管养系统的业务运维服务,就是解决业务人员在使用这些系统办理业务过程中所遇到的各种问题。同时,对确认为系统缺陷的问题,即可提交至各开发项目组,予以在系统程序上优先开发,测试,加以解决。

根据问题解决方式的不同,其分为业务运维和业务数据变更运维两大方面。业务运维是指通过对业务人员的系统操作指导,不需要进行后台生产数据变更就可以解决问题的服务。业务数据变更运维是指由于系统缺陷、系统功能不完善或业务人员错误操作导致的无法通过系统前台操作，只能进行后台业务数据变更解决问题的服务。

本书在强调运维服务要优先解决一线业务人员迫切的问题的同时，必须注重这种服务的规范性、合规性，使其向着有序、规范、健康的方向发展。而制度和管理办法作为基石，以保障智慧管养系统的业务流程的规范性、运维响应速度和稳定运行为目标，包括建立运维项目协调机制、运维管理制度、应用系统维护、数据维护、硬件维护等技术管理体系。

7.2 运维管理体系

7.2.1 运维协调机制

智慧管养系统的业务运维工作，涉及了集团管理部门和路段运营管理单位，大家分工协作、相互配合，共同完成异常业务的运维审批和变更工作，具体业务内容如下：

- 负责智慧管养系统日常运维的管理工作，包括制定相关业务运维管理规范等；
- 定期组织系统应用调查和培训服务；
- 受理运维热线、记录问题并进行操作指导；
- 分析问题类型，明确解决方案；
- 将处理结果反馈至问题发起人；
- 改造或完善功能上线完成后，及时通知、更新用户手册。
- 每月收集、跟踪各类运维实施情况，分析运维管理工作中存在的问题和不良趋势、统计汇总，并向上级汇报运维工作成果和建议。

7.2.2 运维管理流程

运维团队负责制订流程解决智慧管养系统在使用过程中发现的生产缺陷及安全问题，具体步骤如下：

(1)一线业务人员在操作系统办理业务遇到问题且无法解决时，可拨打业务运维服务热线或在系统意见反馈模块对问题进行描述，描述选项包括系统名称、模块名称、提交人、提交时间、意见类型、所属单位、描述和回复等内容，如图 7-1 所示。

(2)运维团队根据业务人员反映的问题进行分析,若为系统操作问题,可通过专业指导进行解决。

(3)若前台操作无法解决问题,必须要进行后台数据调整时,则需要业务人员填写生产变更单,经由上级业务管理部门审核批准后,提交运维服务团队,由其进行变更实施,并存档备案。

(4)实施完成后,运维团队将变更结果反馈给一线业务人员,并指导其完成后续操作。

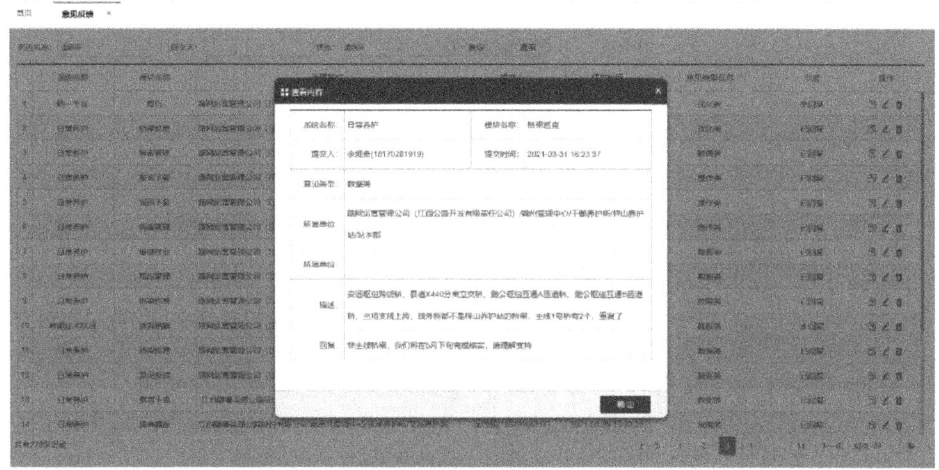

图 7-1　意见反馈示意图

7.2.3　信息安全应急预案

信息安全应急预案的工作目标是保障信息的合法性、完整性、准确性,保障网络、计算机、相关配套设备设施及系统运行环境的安全,保障养护展示管理子系统、养护统一管理平台、路产信息可视化服务平台、路面技术状况管理子系统、桥梁技术状况管理子系统、日常养护管理子系统、养护辅助决策分析管理子系统和 BIM + VR 综合展示系统的安全。本书关于信息安全紧急处置措施如下:

(1)黑客攻击时的紧急处置措施

①当运维人员发现网页内容被篡改,或通过入侵检测系统发现有黑客正在进行攻击时,应立即向上级主管报告。

②信息系统维护人员尽快赶到现场,立即关闭网站。

③负责恢复或重建被攻击和被破坏的系统。

④追查非法信息来源。

⑤针对情况严重的,应立即向集团领导汇报。

⑥认为情况极为严重的,应立即向公安部门或上级机关报告。

(2)数据库安全紧急处置措施

①建立数据库系统双机设备设置,即小型机和服务器两种运行方式。

②一旦数据库崩溃,维护组应立即启动备用系统,并向领导报告。

③在备用系统运行期间,维护组应对主机系统进行维修。

④如果两套系统均崩溃,维护组应立即向软硬件提供商请求支援,同时通知各单位暂缓上传上报数据。

⑤系统修复启动后,将第一个数据库备份取出,按照要求将其恢复到主机系统中。

⑥如因第一个备份损坏,导致数据库无法恢复,则应以第二套数据备份加以恢复。

⑦如果两个备份均无法恢复,应立即向有关厂商请求紧急支援。

(3)广域网外部线路中断紧急处置措施

①负责人员接到线路故障报告后,应迅速判断故障原因。

②如属单位管辖范围,由运维团队立即予以恢复。

③如果属于网络运营商管辖范围,应立即与其联系,要求尽快修复。

(4)局域网线路中断紧急处置措施

①平时应准备好网络备用设备,存放在指定位置。

②局域网中断后,运维人员应立即判断故障节点,查明故障原因,并向上级主管汇报。

③如属线路故障,应重新安装线路。

④如属交换机等网络设备故障,应立即将备用设备接上,并调试通畅。

⑤如属交换机配置文件破坏,应迅速按照要求重新配置,并调试通畅。

7.3 运维服务实例

智慧管养系统运维服务是一项既需要业务知识、系统经验,更需要耐心、严谨态度的工作。本节以具体事例说明智慧管养系统业务运维失实务。

□ 案例:在“养护展示”中,点击“路线”后,对应的地图路线不会变色闪烁。

问题原因:因目前筛选路线后地图会自动定位和显示对应路线,且目前使用的地图是图层,所以暂时不支持变色闪烁。

解决方案:后期会考虑加上该功能。

□案例:在“统一平台”中,点击“内部人员管理”后,无法进行新建账号操作。

问题原因:因智慧管养系统账号权限设置,新建账号操作权限目前只开放给了系统管理员。

解决方案:上报新增账号人员信息,由系统管理员新建账号。

□案例:在“日常养护”中,点击“桥梁巡查”后,手机 APP 看不出当月有没有巡查。

问题原因:系统设计的时候,考虑直接通过巡查时间判断巡查历史记录。

解决方案:巡查完成后,检查的显示时间会更新至最新时间,从时间上可以判断这座桥本月有没有巡查。

□案例:在“日常养护”中,已经输入了病害等一些数据,然后点了提交,但是在“病害下派”里面查看,显示 0 个病害。

问题原因:没有按照正确的操作顺序进行病害信息录入。

解决方案:按照正常操作顺序:点击路段、录入病害、完成巡查,即可获取相关病害信息,并进入下派环节。

□案例:在“日常养护”中的“维修作业”模块,上传错误施工图片后,App 端、PC 端均无法进行删除更改。

问题原因:没有开放图片删除权限。

解决方案:结合用户实际使用体验,增加施工作业图片的删除更改权限。

□案例:在“日常养护”中的“应急管理”模块,交通事故无法区分路损和小修。

问题原因:系统流程设计时,暂时未区分路损和小修。

解决方案:结合用户实际使用体验,进一步完善更新应急管理模块,将尽快优化更新该功能。

□案例:在“日常养护”中的“病害管理”模块,显示有待下派病害 700 多条,但是在“病害下派”中未发现相关下派信息。

问题原因:没有对应下派的施工单位,或施工单位未有账号信息,因下派关联信息不全,导致相关信息不可见。

解决方案:在系统中新建施工单位账号信息,确保问题得到解决。

□案例:在“日常养护”中的“病害下派”模块,录入了 7 个坑槽信息,但只显示出了一个。

问题原因:没有根据日常养护工作的规范标准化进行操作,未将巡查和病害信息一起录入提交,操作步骤不正确导致。

解决方案:调整数据录入习惯,在巡查录入提交之前把所有病害录入完成。

□案例:手机 App 日常巡查中,添加病害时同一个桩号可以添加不同的病害,但是其他桩号的病害添加需要重新发起一个日常巡查,直接点击发现病害不能进行添加,这与日常养护工作实际不相符。

问题原因:系统支持该项功能,没有熟练掌握系统操作流程。

解决方案:不同的桩号病害只需暂存后,重新点击发现病害即可。

□案例:手机 App 日常巡查病害信息中,录入的语音在电脑端无法识别播放,显示“错误:音频类型不支持或文件路径无效”。

问题原因:有可能瞬时网络信号不好,导致文件没有上传成功;或误操作导致没有真实录音。

解决方案:在手机 App 录完语音,并核实录音确实存在后,在电脑端播放。

以上只是列举了在智慧管养系统运维过程中的一些经常遇到的问题,这些问题成因各异,有系统程序不完善形成的问题,有开发时需求规则不明确产生的使用问题,有系统环境配置不到位产生的问题,也有使用者操作不当产生的问题。对于开发过程中产生的缺陷或需求不明确的问题,运维团队可以帮助业务人员形成新的完善的需求,通过系统开发加以解决;对于配置不达标的问题,可以通过基本配置检查等方法,来识别和发现问题,及时达到标准配置问题;对于使用者操作不当产生的问题,可以通过培训、考核上岗等措施,减少差错。

总之,在智慧管养系统建设和使用过程中,业务和运维等各关联方只有互相协助、共同完善,才能使系统在为业务服务、保障过程中产生价值。这既是业务连续性管理在具体微观层面的体现,也是智慧管养系统建设和运维服务保障所走的特色之路。

第8章　高速公路智慧管养系统建设总结与展望

8.1　建设总结

(1)系统建设成果总结

智慧管养系统一期按照“省内一流,国内领先”建设标准以及“以业务需求为引领,以解决问题为导向,以方便用户为准则”的建设思路,以“解决数据底盘、建立一张图、路网资产看得清”为建设目标,成功开发了路产地理信息服务平台、养护统一管理平台和养护数据管理中台3个支撑系统,公路技术状况管理子系统、日常养护管理子系统、路面养护科学决策子系统和养护展示管理子系统4个业务系统,并进行了道路病害智能巡查技术、BIM+VR技术和电子信息桩3个创新技术试点应用。

通过将养护管理与信息化、大数据及AI技术的深度融合,系统取得了以下五项成果:一是构建了数据互联互通的养护综合管理平台,不但实现了统一门户、统一授权、单点登录等基础功能,还改变了以往各个子系统相互独立的局面,使养护数据能够在各个子系统之间互联互通,形成了上下贯通、左右协同、资源共享的综合管理平台。二是建立了一个集路网路产数据、历史数据、业务数据为一体的开放性数据中台,整理入库了集团管养全路网所有路产数据及近十年的检测、设计、养护投入、交通量等基础数据,除了为系统各个业务系统提供有效的数据支撑外,还与交通部桥梁基础数据库、养护统计年报实现对接,并为集团目前在建的其他信息化系统提供数据调用服务。三是实现了基于大数据的人工智能科学决策功能,应用大数据分析工具,建立路面养护历史、交通量、路面技术状况等影响因素与养护投入之间关系的分析评估模型,最大限度地优化养护资金配置,实现养护投入效益最大化;四是基于BIM和VR技术搭建了隧道突发事故应急处置培训平台,采用沉浸式数据可视化手段,对养护管理人员和社会司乘人员开展多层次的虚拟仿真培训,提升隧道管理人员应急处置能力以及司乘人员的应急疏散能力。五是试点了5G智能巡查技术,通过图像智能识别、5G通讯等技术在日常养护巡查中的应用,实现病害自动识别和病害数据实时上传、使高速公路日常养护巡查更加智能、高效。

(2)系统培训及推广应用总结

在系统培训方面,通过“以学促用”的形式,全面开展系统培训。自试运行以来,采用试点培训、集中培训以及现场技术服务培训等形式,共计培训1500人次。为巩固培训效果,录制了常规操作学习视频及易错操作讲解视频共计25段、制作操作手册7册,并在全集团基层所站范围内进行了普及宣贯。此外,为强化系统应用,在全集团范围内开展了系统操作应用考核。

在系统推广应用方面,通过“以用代检”的方式,在实际应用过程中检验系统功能,并对其持续优化。以日常养护子系统为例,截至2022年9月底,日常巡查覆盖率达97%,已累计生成巡查记录12.9万余条,发现病害7.2万余处,正常下派任务1.4万余项,维修作业5.5万余条,成功验收4.6万余条,系统巡查使用率已达100%,实现系统日常巡查全覆盖。同时,为确保系统的实用性、易用性,持续开展系统意见收集和系统优化更新。

通过培训以及应用推广工作,系统已广泛应用于江西省高速公路管养单位以及相关设计、检测单位,单位用户数近百家,应用范围覆盖江西省85%高速里程。

(3)系统应用成效总结

智慧管养系统一期在智能巡查、路面养护科学决策、智慧管养平台三方面应用成效显著,通过智能化巡查技术,已实现单日巡查和数据分析能力达1000公里,发现病害并完成处置的平均时间可缩短50%以上;并且道路病害的自动化识别、自动定位病害位置、跟踪病害发育等多项指标测量精度均超过90%;通过网级路面养护科学决策子系统,决策精度与实际施工图相比匹配度可达90%之上,同时可提升制定路面养护计划工作效率约60%,每年可节约5000万以上的路面养护工程费用;系统构建的“巡-检-养-管”一体化智慧管养平台,促进数据互通、业务协同,有效提高养护管理效率约50%以上。有力推动了高速公路智慧管养技术的发展,有效促进了高速公路养护管理工作提质增效,使江西高速公路养护管理模式得到创新,实现精细管理、精准服务的管理目标。

8.2 未来工作及展望

下一步将在智慧管养系统一期已建成的3个支撑系统、4个业务系统和3个创新技术试点基础上,继续开展二期和三期建设,其中二期建设内容除对一期已建成的系统进行升级迭代外,还拟新建桥梁养护科学决策子系统、隧道养护科学决策子系统、养护计划管理子系统、养护工程管理子系统、养护应急管理子系统和养护设备管理子系统等，通过覆盖高速全养护业务流程，使养护决策更科学，养护业务更高效；三期建设内容除了进一步优化完善已建成系统外，还将融合人工智能、大数据分析技术，实现基于养护大数据的深入挖掘分析和基于多元数据融合和风险管控。

此外，随着科技水平以及公路管养认知水平的不断提升，未来高速公路智慧管养系统可从以下 6 个方向开展进一步建设。

(1)基于高精度地图，构建公路基础设施数字孪生系统，将公路基础设施物理实体与全寿命周期过程数据虚体有效融合，从而更好地管理公路资产，更有效地进行决策分析。

(2)利用物联感知技术对重点桥梁、隧道、边坡等基础设施进行长期 24 小时在线监测，并基于安全监测、安全管理和决策需求，构建科学、实用的安全监测平台，为重要基础设施的安全运行与发展决策提供支撑。

(3)充分利用公路视频监控资源，并利用人工智能技术，对公路基础设施的状态进行快速识别，例如桥梁裂缝形态识别、道路破损识别，从而更加实时、高效地指导管理和养护。

(4)将新型传感、5G 通信、图像 AI 识别等技术充分应用在高速公路基础设施养护巡查、养护工程施工质量管理和安全管理，从而提升实现公路养护全过程的效率和质量。

(5)建立公路资产大数据仓库，形成一套面向公路养护的多源异构数据融合标准框架体系，并利用大数据分析手段，对公路养护多源海量数据进行分析，从而为管理者提供更加精准有效的决策依据。

(6)应用智能感知设备，并结合大数据分析等先进技术，建立高速公路养护信息发布平台，为道路用户及时准确地提供公路技术状况、公路交通状况以及养护工程施工等信息，为公众出行带来便利。